White Eagle: Die Stille des Herzens

White Eagle

Die Stille des Herzens

Meditationen von White Eagle

Petram

Aquamarin Verlag

Titel der englischen Originalausgabe:
»THE STILL VOICE«

© The White Eagle Publishing Trust
New Lands, Liss, Hampshire GU 33 7 HY, England

WHITE EAGLE CENTRE DEUTSCHLAND
Annemarie Libera
Friedenstraße 23a · 8034 Germering

Übersetzt von Edith und Walter Ohr

4. Auflage 1990

© Aquamarin Verlag
Voglherd 1 · D- 8018 Grafing

Druck: Ebner Ulm
Herstellung: P & P Lichtsatz GmbH, Grafing

ISBN 3-922936-29-6

INHALTSVERZEICHNIS

Jesus sagte: *„Das Reich Gottes ist inwendig in euch"* und weiterhin sprach er: *„Trachtet zuerst nach dem Reiche Gottes ....."*

Durch die Jahrtausende suchten und fanden die Menschen dieses "Innere-Reich-des-Glücks" mit Hilfe irgendeiner Form der Meditation. Durch das Zurückziehen des Bewußtseins aus der äußeren Welt mit ihren Sorgen, Schwächen und Problemen in die Stille und Reinheit der Innenwelt, fanden sie, was man nicht anders bezeichnen kann als einen "lebendigen Quell von Licht und Freude". So waren sie in der Lage, daraus Weisheit und Kraft für einen jeden neuen Tag zu schöpfen.

Hier ruht auch der Urquell der Liebe — und eine immerwährende Meditation im stillen Tempel des Herzens kann alles, was im Seelenbereich des Menschen gut und liebenswert ist, anregen und entfalten, was letztendlich auch körperliche Gesundheit und Harmonie nach sich zieht. Dieser lebendige Quell ist eigentlich nichts anderes als der Christus in einem jeden von uns.

Andernorts im vorliegenden Buch sagt White Eagle: *„Durch Meditation und stille Kontemplation werden die äußeren Schichten der Gedanken- und Gefühlswelt allmählich beiseite gelegt und der Mensch betritt das innerste Sanktuarium der Stille, wo das Juwel der Wahrheit liegt. Es ist das Juwel in der Lotosblüte seines Herzens. Es ist das Licht, das jedem Menschen leuchtet, der Christus, der Gottessohn im eigenen Herzen ..... Die Verstandeskräfte* *müssen ruhen, damit das ureigene Sein, der Geist, sich seines wahren Wesens voll bewußt werden kann. Dann erst wird die Seele des Menschen mit göttlichem Geist erleuchtet und das Bewußtsein dehnt sich aus in die Welten der Schönheit und Wahrheit. Das bringt der Seele Frieden und Freude."*

Durch White Eagles Methode der *kreativen Meditation* erlernen wir den Gebrauch des, wie er es nennt, höheren kreativen Verstandes (higher creative mind). Unter Zuhilfenahme der Vorstellungskraft lassen wir vor unserem inneren Auge Symbole der Schönheit entstehen, die geeignet sind, den allzu geschäftigen, niederen Verstand einzudämmen und unser Bewußtsein von den äußeren Dingen zu den inneren Werten des Geistes zu verlagern. So gelangen wir zur absoluten Stille — zum eigentlichen Gewahrwerden Gottes.

Das Resultat dieses Gewahrwerdens kann sich dem Bewußtsein in einer geistigen Vision mitteilen. Oftmals geschieht dies, doch nicht immer. Es kann auch ein inneres Wissen sein, eine Strahlung — ein Gefühl innerer Freude oder allumfassender Liebe. Dann kann es aber auch so sein, daß sich während der Meditation überhaupt nichts ereignet, und erst danach sich erneute Kraft und vermehrte Weisheit manifestieren, die helfen, mit den Problemen des täglichen Lebens besser fertig zu werden.

In diesem kleinen Buch haben wir einige von White Eagles Ratschlägen und Weisheiten für den täglichen Gebrauch gesammelt und jeweils eine kurze Meditation angefügt, die zumeist von White Eagle selber stammt. Möge das Buch dem Wahrheitssucher helfen, auf seinen Reisen ins Innere die Welt des Lichtes zu finden.

Es muß noch betont werden, daß die gegebenen Symbole keineswegs das eigentliche Ziel sind. Sie sind lediglich ein Zugang — ein Weg, der zu tiefgeistigen Erfahrungen und Visionen führen kann.

Halte das jeweilig gegebene Bild solange wie möglich vor deinem inneren Auge fest.
Laß es lebendig und real werden.
Laß es an Strahlkraft und Intensität wachsen, während du es betrachtest.
Laß es deinem Gemüt und deiner Seele absolute Stille bringen.

Einige praktische Hinweise

Die innere Stille des Herzens und die daraus hervorgehende Erweiterung des Bewußtseins in geistige Sphären erreicht man erst nach großer Ausdauer und viel Geduld — wie White Eagle sagt — ("keeping on keeping on") auf dem geistigen Pfad.

Die Beachtung gewisser einfacher Regeln ist von großem Nutzen. So zum Beispiel ist es gut, die tägliche Meditation immer zur gleichen Tageszeit vorzunehmen. Wir empfehlen die frühe Stunde des Morgens, wenn die allgemeine Gedankenwelt der Mitmenschen noch im Ruhezustand ist. Eine Meditation zu dieser Stunde kann das ganze Tagesgeschehen durchstrahlen.

Ideal für die Meditation wäre ein ruhiger, speziell für diesen Zweck geeigneter Raum. Gebrauche auch immer, wenn möglich, denselben Stuhl. Sowohl der

Raum als auch die Stühle werden durch den meditativen Zustand "geprägt". Sie erhalten allmählich eine Aura der Stille, und das allein schon ist ein Schutz vor den Schwingungen der äußeren Welt.

Die Sitzgelegenheit sollte bequem sein, aber auch eine senkrechte Lehne haben, damit das Rückgrat ausbalanciert und aufrecht gehalten wird. In keinem Teil des Körpers darf Spannung oder auch nur die geringste Anstrengung verspürt werden. Schultern und Nacken, die so oft verspannt sind, können auf einfache Weise entspannt werden, wenn die Schultern ein- bis zweimal gehoben und wieder fallen gelassen werden, um ihr Gewicht und das Gewicht der Arme zu fühlen. Auch den Kopf lassen wir nach vorne fallen, um sein Gewicht zu spüren sowie die dabei entstehende Dehnung der Nackenmuskeln, und richten dann den Kopf langsam wieder auf.

Die Füße sollen gekreuzt sein, der rechte Fuß über dem linken, und die Hände liegen auf dem Schoß, Handflächen nach oben gekehrt, die linke Hand in der rechten. So sitzen wir in entspannter Haltung und mit konzentrierter Hingabe. Der ganze Körper ist im Gleichgewicht, jedoch völlig entspannt — in friedlicher Stimmung, jedoch hellwach.

Nun beginnen wir ein wenig tiefer und langsamer zu atmen, doch ruhig und gelassen, ohne Anstrengung. Wir horchen auf den ruhigen Rhythmus des eigenen Atems. Das beruhigt die allzu aktiven Gedanken und das Bewußtsein wird allmählich von der äußeren Welt abgezogen und in die innere Welt des Schweigens und der Meditation geführt.

Jeder, der meditieren möchte, wird bald herausfinden, wie er die in diesem Buch beschriebenen Bilder am vorteilhaftesten verwerten kann. Doch wir empfehlen, das einzelne Meditationsbild, zum mindesten dem Inhalt nach, wenn auch nicht in allen Einzelheiten, dem Gedächtnis einzuprägen. (Die betreffenden Texte sind kursiv gedruckt). So kann das bereits erhobene Bewußtsein im Inneren verbleiben und braucht nicht zur gedruckten Buchseite zurückzukehren.

Die Rückkehr aus tief innerem Gewahrwerden zur Welt des täglichen Lebens soll vorsichtig und bewußt-willentlich vollzogen werden. Man kann sich zum Beispiel einen schönen Garten vorstellen und dort inmitten der Schönheit und Farbenpracht der Natur verweilen. Dann machen wir uns wiederum die Atmung zunutze, um ganz in die Erdenwelt zurückzukehren. Wir atmen tief und stark durch, und, indem wir uns langsam aber bestimmt des physischen Leibes bewußt werden, fühlen wir, wie er sich bei jedem Atemzug mit Licht füllt.

Sodann verschließen wir in der Vorstellung folgende Zentren (Chakras) mit einem Lichtkreuz im Lichtkreis: Das Stirnzentrum, das Kehlkopfzentrum, das Herzzentrum und das Sonnengeflecht. Zuletzt umgeben wir den ganzen Körper mit einem Lichtoval.

Einige der Meditationen enden mit einer bestimmten Bejahung, wie z. B.: *„Göttliches Licht scheint in mir ..... "*. Eine solche Bejahung, mit Überzeugung leise oder laut im Herzen gesprochen (und oftmals während des Tages wiederholt), hilft Licht und Gesundheit in den Leib einströmen zu lassen, sowie die Verbindung der Seele mit dem leuchtenden höheren Selbst, das ein jeder von uns im Land des Lichtes besitzt, zu festigen.

White Eagle selber, unser älterer Bruder in der geistigen Welt, spricht zu uns aus diesem Land des Lichtes.

Wir hoffen, daß dieses kleine Büchlein mit den darin enthaltenen weisen Worten des älteren Bruders
Hilfe, Freund und ständiger Begleiter in den Stunden
der Meditation sein wird.

*****

I

DAS JUWEL IN DER LOTOSBLÜTE

Wenn der Mensch mit dem wahren Quell des Lebens, dem Ursprung des Seins, in Berührung kommt, strömt Kraft in sein ganzes Wesen und Licht durchstrahlt ihn. Harmonie erfüllt sein Leben und gibt ihm eine neue Richtung. Die Dinge, die ihn einst verletzten und irritierten, stören den Frieden des Herzens nicht mehr.

Jeder Mensch hat seine Konflikte und mehr oder weniger schwierige Umweltverhältnisse, durch die er gebunden ist. Doch wenn er sich von diesen distanziert und die Quelle der Harmonie in sich selber sucht, dann fließt der Lebensstrom Gottes durch ihn, und seine äußeren Lebensumstände gelangen langsam aber sicher in harmonischere Bahnen. Ist das Gottesbewußtsein im Herzen lebendig, werden Recht und Unrecht ausgeglichen.

Durch Meditation und stille Kontemplation werden die äußeren Schichten der Gedanken- und Gefühlswelt allmählich beiseite gelegt und der Mensch betritt das innere Sanktuarium der Stille, wo das Juwel der Wahrheit liegt. Es ist das Juwel in der Lotosblüte seines Herzens. Es ist das Licht, das jedem Menschen leuchtet, der Christus, der Gottessohn, im eigenen Herzen.

Suchet danach, meine Freunde, ohne viel Lärm und Gerede, sondern still und unentwegt, in der Ruhe eures innersten Wesens. Die Verstandeskräfte müssen ruhen, damit das ureigene Sein, der Geist, sich seines wahren Wesens voll bewußt werden kann. Dann erst wird die Seele des Menschen mit göttlichem Geist erleuchtet und das Bewußtsein dehnt sich aus in die Welten der Schönheit und Wahrheit. Das bringt der Seele Frieden und Freude.

„Ich bin der Weg, die Wahrheit und das Leben. Niemand kommt zum VATER denn durch mich." Niemand kommt in das Königreich der himmlischen Welten, außer durch den sanften Geist der Christusliebe — den Sohn Gottes im Menschenherzen.

*****

Zu Beginn deiner Meditation atme leicht, tief und rhythmisch und denke dabei an das goldene Sonnenlicht Gottes, das dein ganzes Wesen erfüllt.

Nun stelle dir den ewigen, unendlichen Garten vor — so still — so ruhig — doch sonnendurchflutet und voller Leben.

Erblicke einen stillen Teich und die reine, weiße Lotosblüte, die auf der leuchtenden Wasserfläche ruht.

Betrachte diese vollkommene Blüte lange, und vertiefe dich in das goldene Licht in der Mitte. Es ist ein strahlendes Juwel.

Werde selber zu diesem Juwel — eingebettet in die reine, weiße Lotosblüte.

ICH BIN im Licht.

ICH BIN das Licht.

Ich segne alle Menschen und ziehe sie ins Licht empor.

II.

DURCH LIEBE DIENEN

Wir kennen deinen großen Wunsch, dein Bestreben, der Menschheit zu dienen. Das wird dir ohne Zweifel gelingen, wenn du *Liebe* ausstrahlst. Wir meinen natürlich nicht nur dann, wenn es dir paßt, sondern in jedem Augenblick deines Lebens.

Liebe: Liebe das Leben! Liebe die vielen segensreichen Gaben, die dein sind. Liebe, um zu leben — lebe, um zu lieben!

Denke dabei nicht an dein kleines Selbst, sondern denke ausschließlich an das große Selbst — an die universelle Bruderschaft.

Wenn du beginnst, die Mysterien des Geistes zu verstehen, wirst du dir in erster Linie des *Eins-Seins* mit allen Lebensformen bewußt, und du wirst bedingungslose Liebe empfinden.

Wenn Prüfungen kommen, dann ändere dein Denken mit Hilfe der Liebe Christi. Verweile nicht bei dem Unrecht, das dir zugefügt worden ist.

Gestatte nicht, daß Selbstmitleid von dir Besitz ergreift. Gehe vielmehr in den Tempel deines innersten Wesens, verschließe die Türe und erhebe deine Gedanken zum strahlenden Stern — dem großen, weißen Licht deines Lebens — zu Christus, dem Sohn Gottes. Er wird deinen Kummer lindern und deinen Schmerz heilen. Verbitterung fällt von dir ab und schmilzt im

Feuer der Christusliebe. Was bleibt, ist Gott, die einzige Wirklichkeit. Und du bist im Herzen Gottes.

*****

Stelle dir eine ruhig brennende, weiße Flamme vor.
Halte sie ganz still, während du leicht und langsam atmest.
Kein Hauch und kein Gedanke soll die Flamme zum Flackern bringen.
Dann erblicke diese ruhige, kleine Flamme in der Mitte eines Sternes oder der Sonne, und wisse, daß sie Gott-in-dir ist, dein wahres Selbst, Teil der großen Sonne.
Laß den Glanz der Flamme dich in das Zentrum der Sonne emporziehen.

III.

GOTT IN DIR

Du freust dich am Sonnenschein, an den Blumen und den Vögeln. Du freust dich am Anblick des weitgespannten Himmels, am Segen, den die Regentropfen bringen, am Spiegelbild der schönen Gotteswelt auf der Fläche eines stillen Wassers und an allem, was auf Erden wächst. Am Menschen selber jedoch erkennst du die höchste Verwirklichung der Liebe des Vaters.

Kannst du dir etwas Schöneres vorstellen als das Leben des Meisters — so gütig und freundlich — in bedingungsloser Liebe seinen Geschwistern auf Erden zugetan.

Oh meine Freunde — folgt dem Weg des sanftmütigen Meisters der Liebe. Er, der Gottessohn, ist wahrlich der Erlöser der Menschheit. Der Weise weiß, daß er aus sich nichts ist, daß er von sich aus nichts tun kann. Doch der Christus, der inwendig im Menschen wohnt, tut alle Dinge und wird alle Menschenkinder zu Gott emporziehen.

„Ich bin der Weg, die Wahrheit und das Leben. Niemand kommt zum VATER denn durch mich — durch die Liebe." Das ist das Gesetz. Wenn ihr, meine Freunde, mit Gott und dem Meister in Kontakt kommt, dann erreicht euer Bewußtsein die höchsten geistigen Daseinsebenen.

In jedem Menschen ist ein unvergänglicher Kern, der ewige Teil seiner Natur, der in der göttlichen Himmelswelt lebt. Die wenigsten Menschen sind soweit fortgeschritten, daß sie diesen Teil ihres Wesens bewußt erleben, solange sie einen irdischen Leib bewohnen. Doch ihr könnt, so ihr wollt, mit dieser Daseinsstufe von Licht und Liebe in Berührung kommen und bewußt in jenem Tempel wirksam sein, der eure ewige Heimat ist.

*****

Nun vergegenwärtige dir die menschliche Gestalt des großen Heilers. Er ist ganz Liebe. Er bittet uns, ihm zu folgen und führt uns in den Sonnentempel — es ist, als würde uns die Sonne in sich aufnehmen.
Allmählich werden wir uns der Gegenwart großer Sonnenwesen bewußt — jener Wesen der Christussphäre, die alle Menschen und die ganze Erde in ihrer Obhut haben.
Sage dir: „Ich bin eine Flamme im Herzen der Sonne! Ich bin im Herzen der Sonne ...".

IV

GOTT IST SOWOHL DAS GESETZ
ALS AUCH DIE LIEBE

Sei dir der großen Wahrheit immer mehr bewußt, daß du nur darum lebst und leben kannst, weil du ein Sohn, eine Tochter Gottes bist.

Du bist ein Samenkorn — aus Gottes Herzen hervorgegangen. Versuche, deine Beziehung zu deinem Schöpfer und dessen Liebe und Weisheit nie zu vergessen!

Gott ist nicht nur das wissenschaftlich fundierte Gesetz, das alles Leben lenkt und die Sonnen und Planeten in ihren Bahnen hält — Gott ist auch VATER und MUTTER und somit allen Menschen verwandt.

Er schaut in dein Herz und hat Verständnis für deine Bedürfnisse. Betrachte Gott nicht als eine Macht, welche die Narreteien der Menschen von ferne beobachtet. *Gott ist sowohl das Gesetz als auch die Liebe.*

Verbringe jeden Tag und jede Minute deines Daseins in dem Bewußtsein, in Gott und in Seiner Liebe zu leben. Sei dir auch bewußt, daß alle Kreatur von Gott erschaffen wurde und zu diesem einen universellen Leben gehört, von welchem nicht der winzigste Teil abgetrennt werden kann. Alle Kreatur lebt in dieser göttlichen Einheit.

*****

Stelle dir nunmehr den großen Tempel in der geistigen Welt vor. Er ist aus geistiger Substanz erbaut, durchsichtig und pulsiert in lebendigen Farben wie tanzendes Sonnenlicht.

Im Inneren des Tempels herrscht tiefes Schweigen — eine Stille, die der Ewigkeit und der Unendlichkeit zugehört....

Diesen Tempel und dessen Stille zu betreten, heißt, ein Teil des Ganzen zu werden — EINS mit allem Leben im Herzen des Sonnenlogos.

V.

DIE LEBENSKRAFT GESTALTET ALLES NEU

In dem Maße, in dem du den Schwierigkeiten in deinem Leben nicht mehr auszuweichen versuchst, sondern sie mit Geduld und Ergebung annimmst, fließen Licht und Lebenskraft in dich ein und gestalten alles neu. Dies geschieht nicht plötzlich, sondern schrittweise und unauffällig. Du wirst dir ab und zu einer Wärme und Harmonie in deinem Herzen bewußt, die dein Leben neu gestaltet.

Wenn du deinen Mitmenschen die richtigen Gedanken zukommen läßt, wenn du das Gesetz der Liebe trotz mißgünstiger Umstände, in denen du dich befinden magst, nicht verletzt, dann wirst du erleben, wie sich diese Umstände entwirren, alles harmonischer wird und du zuletzt sagen kannst: Gott meint es gut mit mir!

Allmählich beginnst du — parallel zu deinen eigenen Bemühungen — eine Macht und eine Liebe zu spüren, die aktiv mithelfen und dir Glück und inneren Frieden bringen.

Diese wohlige Wärme im Herzen, die dir so viel innere Freude verleiht, kann einige Minuten, einige Stunden oder auch einige Tage andauern, um dann wieder zu verschwinden. Doch allmählich nimmt sie zu, und im Laufe der Zeit wirst du diese Wärme immer häufiger erleben, denn du gehst auf einer Spirale des Lichtes vorwärts und aufwärts und wirst eines Tages —

ein echter Sohn, eine echte Tochter Gottes — in das
Reich des ewigen Lichtes gelangen.

*****

*Meditiere über das Symbol der zarten, blaßroten Rose.
Du schaust sie nicht von ferne an, wie etwas, das
außerhalb deines Wesens ist; sie ruht in deinem Her-
zen, glüht sanft von innen heraus und ihre Blütenblät-
ter öffnen sich langsam, um die goldene Wärme der
Sonne, die auf sie herabstrahlt, in sich aufzunehmen ...
Auch aus dem Herzen der Rose scheint ein Licht.....
Das Licht von oben und das Licht aus dem Herzen der
Rose durchdringen sich und werden EINS.*

DER WEG ZUM GLÜCK

Glücklichsein ist wie eine Religion, und es ist gut, wenn du Glück erwartest und versuchst, dein Glücksgefühl auszustrahlen und mit anderen zu teilen. Gott erschuf dich, damit du glücklich seist. Und so ist der Sinn und Zweck aller Belehrungen, die von der Bruderschaft kommen, den Weg zum Glück zu weisen.

Nun folgt sogleich die berechtigte Frage nach dem Sinn des Kreuzes — warum der Mensch leiden muß und warum er sich unglücklich fühlt. Im richtigen Licht betrachtet, ist der Weg des Kreuzes der Pfad zur Befreiung. Es ist der Weg zum *Leben*. Sieh im Kreuz nicht ein Symbol des Leidens, sondern ein Symbol des Verzichtens, der Hingabe und des Aufgebens des Eigenwillens zugunsten des Willens Gottes. Mit solchem Verzichten kommt eine große, stille Freude über dich, ein Frieden und auch die Gewißheit, daß alles gut ist. Gott, in Seiner unendlichen Liebe, kennt dein Herz und gibt dir das, was du aufgegeben hast, hundertfach zurück.

Sei still, mein Freund, und wisse, daß die weise MUTTER und der unendlich liebende VATER die Kinder dieses Zeitalters hinausführen werden aus der Dunkelheit des Eigenwillens in den Sonnenschein des Glücks, des guten Willens und der Brüderlichkeit —

bis zum vollkommenen Leben, das für *alle* Kinder Gottes vorbereitet ist.

*****

Ziehe dich nun zurück in den sonndurchfluteten Garten in der geistigen Welt.....
Stelle dir vor, wie das Sonnenlicht auf dem Wasser des Bächleins tanzt und fühle die Freude des Lichtes an diesem Tanz. Sieh, wie das Licht sich in den sprühenden Wassertropfen bricht und in den klaren Regenbogenfarben aufleuchtet. Ein Regenbogen formt sich, und in dessen Mitte erscheint die jugendliche, fröhliche Gestalt des Meisters, der dich auffordert, mit ihm in den Garten zu gehen.....
Und du wanderst mit ihm im Garten.....

SCHAU ZUR SONNE EMPOR

Schenke den Schwierigkeiten und Ärgernissen des Alltags nicht allzu viel Beachtung. Sie gehen vorüber. Schreite unbeirrt und unentwegt voran.

Oft sind Kräfte am Werk, die dich verwirren und aus dem Geleise werfen möchten. Doch du wirst diese negativen Kräfte überwinden, wenn du unbeirrt zu Christus empor schaust. Blicke auf zur Sonne — zum Licht im Herzen der Sonne.

Beuge dich göttlicher Weisheit, immerzu wissend, daß alles, was dir geschieht, eine Gelegenheit bringt, an Liebe zu wachsen — näher an die göttliche Liebe heranzukommen. Denke nicht, das Leben im materiellen Körper sei das einzige Leben. Erkenne das Leben als *ewig* und erkenne dich selber als einen winzigen Funken jenes göttlichen Lebens. Weißt du nicht, daß du eines Tages in das Herz der Sonne zurückkehren wirst? Du — ein Kind Gottes — lernst einen Pfad zu wandern, der dich zu deinen himmlischen Eltern zurückführt. Es ist das Ziel deines Lebens: die bewußte Wiedervereinigung mit Gott, mit der Liebe und der Weisheit, mit Friede und Glück.

Wenn du von dir selber, von den Umständen deines Lebens oder von deinem Bruder Mensch enttäuscht bist oder dich verletzt fühlst — dann lerne das Geheimnis, *wie* du dich in Gedanken zu Gott erheben kannst, um zu sagen: Du bist All-Weisheit und All-Liebe. Du kennst meiner Seele Not und weißt, was ich brauche. Mein Leben unterstelle ich Dir.

*****

Wir möchten euch alle in die Geborgenheit des göttlichen Herzens führen. Ihr alle seid Kinder Gottes, und aus Gott fließt alles Gute.

Gebrauche nun für einen kurzen Augenblick deine Gedankenkraft und deine Gabe der Imagination, um dir die Gestalt Christi vorzustellen, den Sohn Gottes, die Verkörperung der All-Liebe. Erblicke ihn, gekleidet im Licht der Sonne, wie er der ganzen Menschheit Liebe zustrahlt.

Sei still .... du bist in ihm .... er ist in dir. Du bist nichts und dennoch bist du alles.

Friede sei mit dir ... Alles ist gut, wenn du im Frieden mit dir selber in Gottes Herzen weilst. Fühle Gott auch im eigenen Herzen als lebendige Gegenwart, als lebenspendende Wärme und Erquickung.

VIII.

DAS GÖTTLICHE FEUER

Ihr seid im Werden begriffene Töchter und Söhne Gottes, jedoch befindet ihr euch noch im kindlichen, sozusagen im embryonalen Zustand.

In dem Maße, wie du dich bemühst zu lieben und zu dienen, mitfühlend, tolerant und geduldig zu werden — dem Beispiel von Jesus Christus folgend — wirst du wachsen und deinen Lichtleib, den Sonnen- oder Christusleib, entwickeln. Widme dich dem Werk des Heilens mit ganzem Herzen, ganzer Seele und ganzem Gemüt und sage dir stets:

„Nicht ich, sondern der VATER, der in mir ist, tut die Werke." Der VATER ist es, der die Werke tut — der Sohn ist lediglich Sein Gefäß.

Das magisch-weiße Licht des Geistes ist in deinem Herzen. In diesem Licht liegt die Kraft allen geistigen Wirkens und allen Dienens in der Welt. Geistiges Wirken verbreitet sich nicht allein durch Wort und Schrift über die ganze Erde, sondern auch durch den Christus — die Christusliebe in einer jeden Menschenseele.

Dieses göttliche Feuer muß in jedem Bruder, in jeder Schwester brennen, damit das Licht hell leuchtet und alles Dunkle vertreibt, alles Böse verzehrt und die Macht der Finsternis überwindet.

Mit jedem Atemzug atme *Licht* hinaus in die Welt.

In jedem Wort, das du sprichst — lasse die Schwingung von *Licht* und *Wahrheit* mitschwingen. Möge der

27

Tempel deines Herzens von Engeln des Lichtes be-
wacht sein.

*****

*Stelle dir nun ein sprühendes Juwel vor, das wie ein
Diamant funkelt. Die Facetten dieses Edelsteins
erstrahlen in einem wunderbaren Farbenspiel reflektie-
renden Lichtes....*

*Allmählich, während du das funkelnde Juwel betrach-
test, wird dein ganzes Wesen EINS mit diesem Feuer,
und der Lichtstrahl, der von oben kommend den Edel-
stein aufleuchten läßt, scheint dir ins Herz. .....*

*Du bist in den Christus-Stern aufgenommen — bist
EINS mit den Brüdern des Lichtes, die in völliger Harmonie und absoluter Stille miteinander meditieren
und das Licht der Christusliebe in die Welt hinaus-
strahlen......*

*Atme ein den Odem Gottes. Atme aus den Segen der
Liebe und des Heilens über die ganze Erde.*

IX.

DEM LICHT DIENEN

Du magst fragen: White Eagle, was kann ich tun, um den Menschen zu helfen? Und wir antworten: Bemühe dich täglich, stündlich, in jedem Augenblick deines Lebens, dein wahres Selbst zu erkennen. Es liegt tief in deinem innersten Wesen verborgen. Wie ein Lichtstrom wird es in dir emporsteigen, und du wirst mit Hilfe dieses Lichtes fähig sein, in eine höhere Ebene des Bewußtseins einzutreten, in der dich die Kraft und die Liebe Gottes umhüllen.

Übe dich jeden Tag in der Vergegenwärtigung des großen weißen Lichtes im eigenen Wesen und strahle es aus in die Welt der Menschen. Auf diese Weise, mein Freund, wird der Nebel, der die Erde umgibt, aufgelöst. Erwarte nicht von anderen, daß *sie* diese Arbeit für dich tun. Jeder Mensch ist sein eigener Erlöser — und jeder Mensch ist der Erlöser der gesamten Menschheit.

Bringe geistiges Licht, aber auch Wahrheit und Liebe in alle deine Tätigkeiten, damit der Wille Gottes durch dich und in deinem Leben zum Ausdruck komme.

Gib acht, daß dein Bekenntnis zur Bruderschaft-allen-Lebens nicht zum bloßen Lippenbekenntnis wird. Laß Brüderlichkeit vielmehr *aktiv* werden in allen Belangen, herzlich und ohne Vorbehalte, auch im kleinsten Detail. Dann brauchst du dir über zukünftige Ereignisse keine Sorgen mehr zu machen — im Gegenteil — du blickst ihnen mit Vertrauen und Hoffnung entgegen. Du als Einzelmensch kannst der gesamten Menschheit dienen, denn als Teil des Ganzen bist du befähigt, allen Menschen zu helfen, damit sie von Gott Trost und Beistand erhalten.

Die Liebe der älteren Brüder ist stets um dich. Schau empor zum Licht des Sterns, es wird dich niemals im Stich lassen.

*****

Werde still und ruhig im Tempel deines innersten Wesens und erblicke dort, auf dem Lichtaltar, den wunderbar geschliffenen Kelch aus funkelndem Kristall.... Es ist der Kelch deines Herzens. Hebe ihn andächtig empor, damit er mit Licht gefüllt werde — dem lebendigen Wein des Geistes — gefüllt, um auch andere aus diesem Becher trinken zu lassen.

X.

DIE HEILENDE KRAFT DER LIEBE

Wir möchten euch helfen, euch auf die Schwingung der unbegrenzten Macht der Liebe einzustimmen. Liebe ist die Zauberkünstlerin, die Wunder wirkt. Göttliche Liebe gibt euch alles, was ihr im Leben braucht.

Die materielle Welt und eure Gefangenschaft in einem physischen Leib empfindet ihr oft als harte Prüfung. Ihr seid es gewohnt, in Begriffen von Leid, Unannehmlichkeiten und Krankheiten des Körpers zu denken, die hartnäckig und unüberwindbar zu sein scheinen. Doch sobald ihr euch dem Geistigen zuwendet und in Einklang seid mit der Liebe von VATER-MUTTER-GOTT und Christus, dem Sohn, dann spürt ihr das Einströmen einer wundersamen Heilkraft. Doch habt Geduld — alles braucht seine Zeit!

Wenn du dich übst, in jedem Augenblick deines Lebens Gedanken der Liebe zu hegen, dann wirst du entdecken, wie ganz unbewußt und fast unmerklich dein Leben eine wunderbare Wende zum Guten, zum Gesundwerden, erfährt.

Es gibt viele Heilmethoden, doch nur *eine* wahre Quelle, aus der alles Heilen stammt. Diese Quelle ist die göttliche Liebe — das Fundament allen Lebens. An der Spitze aller Heiltätigkeit steht Jesus, der Meister, und es ist seine spezielle Aufgabe, der Menschheit zu helfen, mit dem Quell des Lebens in Kontakt zu kommen. Er, der Meister, ist bei dir, wann immer du ihn wahrhaft rufst.

Kein Gebet bleibt unbeantwortet, denn wahres Beten löst in deiner Seele eine Schwingung aus, die direkt zur Quelle führt. Echtes Beten ist das Aufgeben des Eigenwillens zugunsten des Willens Gottes. *„Dein Wille geschehe auf Erden. Dein Wille geschehe in mir. Der Wille Gottes geschehe auch in meinem Körper."* Denn es ist Sein Wille, daß der Leib gesund sei und fähig, sich all der Schönheiten des Lebens zu erfreuen. Möge Weisheit dein Herz und deine Seele erfüllen und dich zu diesem Ziel führen.

*****

Nun sei ganz besonders still und stelle dir die Gegenwart Christi vor, eine strahlende Persönlichkeit, aus dessen Herzen die Liebe scheint.... Er steht in reinem, weißem, pulsierendem Licht und seine Strahlung trifft dein Herz.... In der Liebe, mein Freund, gibt es keine Trennung.... Alle sind EINS in Gott — im Bewußtsein ewigen Lebens. Da gibt es weder Vergangenheit noch Zukunft. Alles ist ewiges JETZT....
Ich lebe und habe mein Dasein in der Ewigkeit — in Gott.

XI.

DIE LEBENSREISE

Der Pfad, auf den du deine Füße gesetzt hast, ist steil und schwierig, doch er ist nicht unüberwindlich. Viele sind ihn vor dir gegangen. Einige sind halbwegs oben und andere sind auf der Bergspitze angelangt. Doch jene, die auf dem Gipfel stehen, sehen deine Anstrengung und bieten dir ihre Hilfe an. Lautlos und unsichtbar kommen sie zu dir, bringen dir Kraft und Licht und umhüllen dich mit ihrer Liebe.

Der Mensch auf diesem Planeten muß lernen, wie die göttliche Liebe und Schönheit im täglichen Leben auf Erden verwirklicht werden kann. Jene geistigen Weggefährten, die du in früheren Leben gekannt hast, sind auch heute um dich und helfen dir, diese Aufgabe zu erfüllen und die notwendigen Lektionen zu erlernen. In Zeiten der Not sind sie bei dir, sie stärken dich, und wenn du glücklich bist, freuen sie sich mit dir.

Jedesmal, wenn du versucht bist, den Schwächen und Irrtümern des niederen Selbst und der materiellen Welt nachzugeben — und wenn es dir gelingt, dem Licht des höheren Selbst oder den Eingebungen des geistigen Führers zu folgen, der dein Wesen mit Liebe und Demut erfüllt, erstarkst du und machst einen großen Schritt vorwärts und aufwärts, deinem Ziel entgegen.

Doch scheint dir die Reise oft lang, und du wirst entmutigt und meinst, du könnest nimmer das Ziel, den

Gipfel des Berges, erreichen. Wir verstehen dieses Gefühl, mein Freund, wir verstehen es! Und deshalb kommen wir, um dich zu ermutigen und aufzuheitern, denn die Freude soll deine Weggefährtin sein auf dieser Wanderung zurück zum VATER. Wir haben volles Verständnis für den gelegentlichen Überdruß, für das Müdewerden des Leibes und der Seele, doch wir wissen auch, daß eine erfrischende Gnade den müden Wanderer auf seinem Weg aufrechthält.

Wir bringen dir nicht nur eine Botschaft der Freude und Hoffnung, sondern auch die Gewißheit, daß Gottes Liebe allmächtig, allwissend und allgegenwärtig ist. An dir liegt es, diese Botschaft wie einen willkommenen Gast in deinem Herzen aufzunehmen.

*****

Ziehe dich nun zurück von der äußeren Welt der Sinne und komme in den sonnendurchfluteten Garten der Innenwelt. Hier, im ewigen, unendlichen Garten der geistigen Welt, fließt ein Strom kristallklaren Wassers…. Horche auf die Musik des rasch dahinfließenden Wassers und auf alle Geräusche der Natur in diesem Frühlingsgarten…. Betrachte die tanzenden Sonnenstrahlen auf den Wellen….
Dein geistiger Führer steht bei dir und bietet dir einen Becher des kristallklaren Wassers. Es ist herrlich kühl. Es reinigt dich und verleiht dir neues Leben. Du trinkst und bist erfrischt.

XII.

DIE MACHT DER LIEBE

Wir möchten euch die Wahrheit von der Macht der Liebe ans Herz legen. Ihr könnt den Beweis für diese Wahrheit selber erbringen, wenn ihr das Gesetz der Liebe im eigenen Leben anwendet. Ihr bemüht euch zwar, dies zu tun, ausgenommen ihr seid abgehetzt oder erlaubt den kleinen, unwichtigen Dingen des täglichen Lebens euch zu irritieren.

Doch ihr habt latent in euch alle Eigenschaften eines Meisters und müßt lernen, Herrscher zu sein im eigenen Tempel, um dort mit Liebe, Weisheit, Wahrhaftigkeit und Treue zu regieren. Betet, um Meister im Tempel eures eigenen Herzens zu werden.

Die wahre Macht des Meisters in eurem Innern ist die Liebe. *Liebe* war die Macht der Bruderschaft durch die Jahrtausende hindurch. Die Brüder waren stets sanftmütig, liebevoll und reinen Herzens, und die Strahlung, die von ihnen ausging, war so stark, daß sie die Erde in ihrer Bahn und in der Kraft des Lichtes halten konnte.

Der Mensch ist durch seinen Eigenwillen vom einfachen Weg der Liebe abgewichen, mit dem Ergebnis, daß nun Finsternis über dem Antlitz der Erde herrscht. Trotzdem wirkt Christus noch immer innerhalb dieser Finsternis. Je nachdem wie ihr, jeder Einzelne von euch, nach dem Gesetz der Liebe lebt, wird das Christuslicht alle Dunkelheit in Licht umwandeln. Das

Licht wird die Finsternis absorbieren. Dies kann aber nur in der Liebe und durch stetes An-sich-arbeiten gelingen.

*****

Vergiß alle Konflikte der Erde. Öffne dein Herz und folge der Führung deines Geistes in die jenseitige Welt, in den ewigen, unendlichen, vom Sonnenlicht übergossenen Garten....

Wandle in diesem Garten mit Freude im Herzen und schaue in die leuchtenden Augen der Schwestern und Brüder und spüre ihre zarte Liebe und treue Kameradschaft.

Sieh die Vielfalt der Tiere in ihrer natürlichen Umwelt — sieh die Sanftmut dieser Tiere....

Nun gehst du in einen Rosengarten. Suche dir eine Rose aus — atme ihren Duft ein und stelle dir vor, wie du in das innerste Zentrum dieser goldgelben Rose hineingehst....

Jetzt ist deine Rose zu einem goldenen Tempel geworden und die Blütenblätter sind die Engelwesen rings um dich her. Bete zu IHM, dem lebendigen Gott — im Tempel der Rose.

SEI GUTEN MUTES

Wenn du das Gefühl hast, mit den Schwierigkeiten des Lebens nicht fertig zu werden, dann vergiß nicht, in die Stille zu gehen. So wenige unserer Erdenbrüder scheinen fähig zu sein, genau dies zu tun. Wenn sie in einer schwierigen Lage sind, erfaßt sie Unrast, und sie meinen, etwas auf der materiellen Ebene unternehmen zu müssen. Das beste aber wäre, ganz still zu werden und auf Gottes Stimme im Inneren zu lauschen. Im Zweifelsfalle tue *nichts* und sei *ganz still*.

Gewisse Lektionen können nur im irdischen Leben erlernt werden. Die älteren Brüder haben die eine große Hoffnung, den einen großen Wunsch: ihren Erdenbrüdern zu helfen, sich ganz der Schönheit und Liebe, der Herrlichkeit ihres Schöpfers, dem großen weißen Licht, zuzuwenden.

Obwohl wir in der Lage sind, euch zu helfen, wenn ihr selbstlos um Hilfe bittet, ist es doch nicht das Anliegen der unsichtbaren Bruderschaft, euren Pfad allzusehr zu ebnen oder euch gar daran zu hindern, wertvolle Lektionen zu erlernen. Sind diese bewältigt, dann könnt ihr der großen Freude, die ein erhöhtes Bewußtsein und ein erweiterter geistiger Horizont mit sich bringen, teilhaftig werden.

So sagen wir dir, sei guten Mutes. Sei vertrauensvoll im Glauben und übergib all deine Sorgen und Bürden der göttlichen Liebe, die über dir wacht und das Schick-

sal eines jeden Bruders führt und leitet. Sei nicht unge-
duldig oder gar ängstlich. Das göttliche Licht verwirklicht all das auf Erden, was in Gottes Sicht gut für dich
ist.

*In der Stille findest du die Wahrheit.... darum sei
still....*

Sei still.... und du wirst dich nicht mehr fürchten.

*Sei still.... und du wirst die Strahlkraft der
Gesundheit in deiner Seele erleben.*

*Sei still.... und du wirst die Macht, die dich erschaf-
fen hat, erkennen.*

*****

*Nun erhebe dich im Geist zu den Bergen und erblicke
die aufgehende Sonne am Horizont. Indem sie höher
und höher steigt, siehst du ihren Glanz auf dem Wasser
eines klaren Bergsees....*

*Du betest zum großen Geist, der sich im Glanz der gol-
denen Sonne offenbart, und gleichzeitig folgst du dem
Lichtpfad, der dich über den See in das Herz des Son-
nentempels führt.... Dort kniest du vor dem leuchtenden Sonnenwesen — dem Christus — schweigend nieder.*

Du spürst den ewigen Frieden — das All-Eins-Sein.

DU BIST UNSTERBLICHER GEIST

Wir möchten dir helfen, deine Ketten zu zerreißen und dich von den irdischen Begrenzungen und Krankheiten zu befreien.

Bewahre das Wissen um die Gegenwart Gottes wie ein strahlendes Juwel in deinem Herzen, und laß alle, die um dich sind, daran teilhaben.

Wir wissen, dies ist nicht leicht, und wir kennen die Schwierigkeiten und Probleme jedes Einzelnen. Dennoch bitten wir dich, alles zu tun, um Selbstmitleid und egoistisches Wunschdenken zu überwinden. Gott weiß am besten, was für deine geistige Höherentwicklung und letzten Endes für dein Glück gut ist. Jede Stunde, jeden Tag und jede Woche, in welcher du deine geistige Entschlußkraft und dein seelisches Gleichgewicht behalten kannst, bringt dich der Befreiung von deinem Wunschdenken näher.

Wenn das Licht und die Liebe Gottes in deinem Wesen zunehmen, verliert das, was dich früher verletzt hat, seine Macht, dich zu kränken. Verlange weder nach Erfüllung deiner Wünsche noch nach Balsam für dein Selbstmitleid. Fühle dich frei, und sei zufrieden und glücklich mit dem dir von Gott zugemessenen Schicksal.

Du bist Geist, du bist unsterblich. Ihr alle seid strahlende Wesen, seid Kinder Gottes und als solche frei in Gottes schöner Welt. Sei dir deines geistigen Ursprungs bewußt, lebe danach und lasse nichts und niemanden deinen Geist in Fesseln legen oder einschränken.

*****

Erhebe dich in Gedanken über die Begrenzung und Dunkelheit der Erde hinaus in das Licht der Sonne. Sieh diese herrliche Sonne in den himmlischen Welten. Atme ihre Wärme und ihr goldenes Licht tief in dein Wesen ein. Sie gibt dir Kraft und erneutes Leben auf allen Ebenen deines Wesens. Ihre schöpferischen Kräfte können und werden alle Disharmonie in dir verbannen und umwandeln.
Sage dir:
Gott ist in mir.
Göttliches Licht durchflutet jedes Atom meines Wesens und füllt es ganz aus.

DIE GABE DES VERSTEHENS

Du willst die Welt verstehen und möchtest dir geistige Erkenntnisse erwerben. Doch in Büchern wirst du solches Wissen nicht finden. Suche danach im täglichen Leben, in der wunderbaren Ordnung des Universums, im Bruder Mensch, in dessen Herz du liebevoll zu lesen versuchst, in deinem eigenen Wesen, indem du dich dem Christuslicht im Herzen unterstellst.

Du kannst um keine kostbarere Gabe bitten als um mitfühlendes Verstehen, denn wenn man zu verstehen beginnt, gibt es kein Verdammen mehr, keine harte Kritik, sondern nur stets zunehmende Liebe.

Jeder Mensch, bewußt oder unbewußt, versucht die göttlichen Gesetze zu begreifen, Gottes Liebe zu verstehen und das Mysterium der komplexen Natur des Menschen zu ergründen. Gleichviel welche Stufe wir auf dem steilen Pfad der spirituellen Höherentwicklung erreicht haben, immer wieder sehen wir neue sonnige Gipfel vor uns, die erklommen werden wollen. Immerfort entfaltet sich das Leben, und mit der Entfaltung unseres geistigen Weitblicks kommt vermehrtes Verstehen.

Urteile niemals über einen andern, denn du kannst das Gesamtbild seiner Entwicklung nicht überschauen. Könntest du es sehen — du würdest nicht urteilen. Würdest du dich dauernd nach der Liebe Christi ausrichten, würdest du lediglich über dich selber ein Urteil fällen.

Freundlichkeit, Sanftmut, Geduld — das ist der Weg.

Wisse, daß in jeder Seele, ob inkarniert oder nicht, das göttliche Licht wohnt, der noch ungeborene Christus, der darauf wartet, mit unserer und deiner Hilfe geboren zu werden!

*****

Sieh nun mit deinen inneren Augen den Kreis unserer Brüder, die auch deine Brüder sind. Sie knien um den Altar im Zentrum des Sterntempels. Sie halten sich an den Händen und verehren das immer heller werdende Licht des Juwels in der Lotosblüte. In diesem Juwel, das so still und rein in der Lotosblüte des Herzens liegt, ist alle Weisheit enthalten.

Mit der Zeit wirst du lernen, dich direkt an das Juwel zu wenden, um dort in einer Blitzsekunde die Wahrheit zu verstehen — nicht mit dem Intellekt — sondern mit dem Herzen.

HERZENSVERSTAND

In der geistigen Welt befindet sich ein wundervoller Garten, und alles, was darin gedeiht, ist Ausdruck der Gedanken Gottes. Die Bäume und Blumen, deren Farbenpracht und wohlriechende Düfte, der Gesang der Vögel, das Plätschern des Springbrunnens, ja die ganze Gestaltung dieses herrlichen Gartens, all dies sind Manifestationen höchster, reinster, göttlicher Gedankenkräfte.

Engel helfen mit bei der Erschaffung dieses Gartens. In der Mitte des Gartens ist ein Teich mit kristallklarem Wasser, der den Himmel, die Bäume und die Blumen widerspiegelt. Dieses Spiegelbild läßt den Garten noch lieblicher erscheinen.

Ähnlich wie sich der Garten in der ruhigen Wasserfläche des Teiches reflektiert, so spiegelt sich die Wahrheit im Herzen des Menschen. Doch um hierfür fähig zu sein, muß das Herz heiter, gelassen und ganz still werden.

Der intellektuelle Verstand an sich kennt die Wahrheit nicht und kann sie auch nicht verstehen, denn nur allzuoft ist er wie ein sturmgepeitschtes Meer, den Wogen der Gefühle von Haß und Leidenschaft preisgegeben. Er kann zum arroganten Diktator werden, der sich selbst fehlerlos wähnt und daher die Wahrheit nur in verzerrten Bruchstücken widerspiegelt. Aus demselben Grunde mißverstehen die Menschen auch den Weltenplan Gottes.

Doch der Herzensverstand spiegelt, wie der stille Teich den Garten, die reine Wahrheit Gottes. So kann der Mensch in den Teich schauen und die Auswirkungen des Gesetzes von Ursache und Wirkung erkennen, den Grund für alles was geschieht verstehen und die Vollkommenheit des göttlichen Planes, mit Bezug auf den Fortschritt der gesamten Menschheit, begreifen.

Auch sein eigenes Spiegelbild erblickt der Mensch, der am Ufer steht und die Schönheit und Harmonie des Gartens betrachtet. Er sieht sich, wie er wirklich ist und vergleicht sich mit der Herrlichkeit Gottes um ihn her, mit dem Glanz göttlicher Wahrheit. Dann wird ihm das kostbare Juwel — die Wahrheit — zuteil.

*****

Meditiere im ewigen und unendlichen Garten.... Werde ruhig und still am Ufer des friedlichen Sees.
Sieh, wie vollkommen sich die Schönheit des Gartens im ruhigen Wasser spiegelt.
Sei ganz still.... und du wirst dir bewußt, daß ganz allmählich ein vollendeter sechsstrahliger Stern von der Wasserfläche zurückstrahlt.... Indem du schaust und schaust, wandelt sich der Stern zur Gestalt des Erleuchteten. ER/SIE steht an deiner Seite.... Gemeinsam meditiert ihr am Gestade des blauen Sees des Friedens.

XVII.

SEI RUHIG UND AUSGEGLICHEN

Wenn du versuchst etwas zu tun und es geht nicht, wie du es dir gedacht hast, dann laß es bleiben. Versuche nicht, etwas nach *deinem* Willen zu erzwingen, sondern laß die Angelegenheit auf sich beruhen. Gib den Umständen entsprechend dein Bestes und gehorche dem Gesetz der Liebe. Du wirst erstaunt sein, wie sich die Umstände zu deinen Gunsten auswirken — viel besser, als wenn du deinen eigenen Willen durchgesetzt hättest.

Lasse Gott walten und übe dich in Geduld — lerne zu warten.

Sei innerlich ruhig, ausgeglichen und gelassen. Nimm das Leben, so wie es sich dir bietet, und laß dich weder zu voreiligen Entscheidungen drängen noch von den Schatten der Unwissenheit überwältigen. Du weißt doch, daß der Große Architekt des Universums auch *deinen* Lebensplan in Seinen Händen hält.

Der sechsstrahlige Christusstern ist sowohl eine gewaltige kosmische Macht als auch eine liebevolle, zarte, schützende und leitende Kraft im Leben des Einzelnen. Wer sich der weisen Führung dieses Sternes ganz überlassen kann, wird entdecken, wie sich sein Lebenspfad vor ihm ausbreitet als ein Weg des Lichtes, des Glückes und des Friedens.

Nichts ist wichtiger als das Christuslicht im Herzen.

Es ist der Schlüssel zum Leben — zum Himmel auf Erden — und zur himmlischen Welt nach dem Tod.

*****

*Stelle dir den leuchtenden, sechsstrahligen Stern vor....
Während des Einatmens fühle, wie das Licht, die Liebe
und die Kraft Gottes in dich einströmen und dich ganz
erfüllen.... Du bist in Licht gebadet, denn der Stern
steht über deinem Haupt. Sein strahlendes Licht fließt
auf dich herab — es fließt durch deinen Kopf und erfüllt dein ganzes Wesen. Wie ein schützender Mantel
umhüllt dich das Licht — es behütet dich und gibt dir
Geborgenheit.*

MUSIK IN DER STILLE

Die Zeit wird kommen, in der du den wahren Sinn des Friedens zu begreifen suchst und du zu fragen beginnst, wie du jenen Frieden finden kannst — den Frieden, den die Welt dir weder schenken noch wegnehmen kann.

Dies ist der Weg: Stelle dir den strahlenden Stern vor, so still und dennoch voller Leben und Licht. Identifiziere dich mit dem Stern, mit seinem ruhenden Mittelpunkt. Gehe in Gedanken, in der Vorstellung, in dieses stille Zentrum. Dort werden alle Ängste der materiellen Ebene, aller Kampf, dem du im täglichen Leben begegnest, von dir abfallen. Im Herzen des Sternes herrscht tiefer, ewiger Friede und in diesem Frieden bist du mit all jenen, die du liebst, innig verbunden.

Nimm dir täglich Zeit an den Sterntempel zu denken und dich hineinzubegeben, fern von Lärm, Unruhe und Kampf, fern von den Ängsten des materiellen Lebens. Und dort, im innersten Sanktuarium des Sternes, findest du göttlichen, heiligen Frieden.

Vernimm in deiner Seele die Musik der himmlischen Sphären, die Musik des heiligen Wortes....... den hörbaren, brausenden Lebensstrom, der vom Herzen des Schöpfers fließt.

*****

47

*Sei nun ganz ruhig und still. Horche in dein Inner-
stes.... Jenseits aller Stimmen, jenseits aller Gedanken,
in der tiefen, absoluten Stille und nahe dem Herzen der
Schöpfung, wirst du die Harmonie Gottes hören.*

DER ENGEL DES FRIEDENS

Bemüht euch zu erkennen, meine Freunde, daß während eures ganzen Lebens die Macht des göttlichen Geistes am Werk ist. Denkt an das reibungslose Einwirken der göttlichen Macht in euer Leben, in eure Gesundheit, in eure Angelegenheiten. Alle Dinge wirken ineinander zum Guten — darum seid gelassen und geduldig. Tut im Rahmen eurer Möglichkeiten euer Bestes, und seid euch der Kraft der Liebe bewußt, die wie die Liebe eines Vaters für seine Kinder auf alle Angelegenheiten des Lebens einwirkt.

Welche Prüfungen auch immer deinen Weg kreuzen, gehe gelassen durch diese Prüfungen hindurch — und alles wird gut. Du bist auf einem Pfad stetiger Entfaltung, heller werdenden Lichtes, vermehrter Schönheit und größeren Glückes. Sei dankbar — danke Gott und den älteren Brüdern für ihre liebevolle Fürsorge. Aus Chaos und Finsternis entwickeln sich Ordnung und Licht.

Spüre das unerschöpfliche Fließen geistiger Heilkraft, einer Kraft, die alle irdischen Belange in vollendeter Weise höher entwickelt. Du hast nichts zu befürchten, denn alles, was du benötigst, wirst du erhalten — und alles wird gut.

Lebe im Bewußtsein des Lichtes und wisse, daß sich alles zur Vollkommenheit entfaltet.

Soviel Not und Angst könntest du dir ersparen,

wenn du immer um geistige Hilfe bitten würdest. Suche nicht auf der materiellen Ebene nach der Führung und Wegleitung, die du brauchst. Suche den *geistigen* Kontakt. Suche den Ort inneren Friedens und innerer Stille auf und laß in dir die Gewißheit wachsen, daß Gottes Liebe allmächtig ist.

Dein himmlischer Vater liebt dich und hat Seinen Engeln aufgetragen, auf allen deinen Wegen für dich zu sorgen. Wenn du dies wirklich zutiefst in deinem Inneren *weißt*, dann hast du den Frieden in dir gefunden.

*****

Meditiere über den Engel des Friedens in weiblicher Gestalt. Gar mächtig ist sie, aber auch ruhig und still und ganz Liebe. Ihr Gewand hat einen Anflug von rosigem Sonnenlicht auf zartem Himmelsblau und schimmert wie Perlmutter. Atme ihren Einfluß ein und alle Sorge fällt von dir ab, dein Herz wird ruhig und ist auf Gott ausgerichtet....
Atme ihren Einfluß aus in die Welt und turbulente Emotionen werden besänftigt, Ruhe kommt in die Herzen der Menschen.

XX.

DAS HÖHERE SELBST

Weitaus die Mehrzahl der Menschen ist der Ansicht, daß jenes Wesen, das man als "ich" bezeichnet, die ganze Persönlichkeit sei. Doch dem ist nicht so, denn nur ein sehr kleiner Teil von dir ist auf der materiellen Ebene in einem physischen Leib eingeschlossen — gefangen. Was sich durch den Körper manifestiert ist lediglich die Spitze eines Dreiecks, ein kleiner Teil deines gesamten Selbst. Dieser geringe Teil kommt als Bote auf die Erde, als Suchender, der Erfahrungen im Erdenleben sammeln möchte. Sinn und Zweck dieser wiederholten Erdenerfahrungen ist es, dem Gottesbewußtsein den Weg zu bereiten, damit es auf der irdischen Ebene durch den sehr engen Kanal, den du deine Persönlichkeit nennst, zur Entfaltung kommen kann. Gott hat dir die Möglichkeit gegeben, dein höheres Selbst zu erkennen und den Kontakt mit ihm aufzunehmen.

Wenn du in der Meditation in höhere Daseinsebenen empor steigst, bist du möglicherweise in einem Tempel aus Licht. Du befindest dich vor einem Altar und verneigst dich im Gebet. Dieser reine, himmlische Bewußtseinszustand einer höheren Ebene umfängt und umhüllt dich. In Wirklichkeit befindest du dich in deinem Lichtleib. Dieser Lichtleib oder himmlische Leib ist die Summe aller Weisheit und alles Guten, das du während vieler Erdenleben gesammelt hast. Er ist durch die helle Flamme des "Christus-im-Herzen" mit deiner irdischen, begrenzten Persönlichkeit verbunden.

Durch Meditation, durch ein Sichzurückziehen in die Stille des inneren, höheren Bewußtseins, können wir alle Seelenweisheit, die wir durch die Jahrtausende gespeichert haben, finden und auch in unserem äußeren Leben zur Anwendung bringen. So können wir die Strahlkraft und Vollkommenheit jenes himmlischen Leibes auf Erden verwirklichen.

Ziehe dich jeden Tag von der Unruhe der äußeren Welt zurück und versuche, die Gegenwart deines edlen, höheren Selbst zu erspüren. Wende dich an dieses, dein höheres Selbst, um Führung und Inspiration zu erhalten. Sei deinem ewigen höheren Selbst gegenüber treu, stark und ausgeglichen.

*****

Komme nun in den ewigen, unendlichen Garten der geistigen Welt. Betrachte die Oberfläche des klaren, ruhigen Teiches, der den Himmel widerspiegelt. Auf der Wasserfläche schwimmt die reine, weiße Seerose — Symbol deines eigenen geistigen Wesens. Erblicke im Zentrum der Seerose das funkelnde Juwel — Symbol des Christus in dir. Die Sonne, die auf das Juwel scheint, läßt es in allen Regenbogenfarben aufleuchten. Nunmehr formt sich aus dieser Seerose die Meisterseele in vollkommener Gestalt, und deine suchende, strebende Seele erkennt in ihr den Christus.

Fühlst du die strahlende Kraft seines Wesens, das ganz Liebe ist? Du bist in dieser Liebe für alle Ewigkeit ein-

gehüllt. In aller Ewigkeit bist du — ein Funke Gottes — im Herzen des Schöpfers gehalten und getragen. Was hast du noch zu fürchten? Nichts kann dir etwas anhaben, nichts dich verletzen, denn in deinem innersten Herzen ruhst du in Gott.

XXI.

DIE ROSE DER LIEBE

Wir lieben einen jeden von euch, und wir bemühen uns, euch zu helfen, damit das Licht in eurem Herzen zunehmen möge. Wir schauen direkt in euer Herz hinein und wir wissen, daß jeder Mensch die Liebe Gottes in sich fühlt. Daher ist es wichtig, meine Freunde, nach dem Lichtfunken im Herzen des Bruders Ausschau zu halten.

Sprecht das Licht im Bruder an — wenn nicht mit Worten, so doch mit dem Herzen. Das Licht im Herzen ist reine, geistige Kraft. Lernt, euch von dieser geistigen Kraft leiten zu lassen, welche die Liebe in eurem Inneren ist.

Du weißt doch, du gehst den Pfad der geistigen Höherentwicklung nicht allein. Viel besser als du ahnst, verstehen wir deine Probleme und Schwierigkeiten in deinen zwischenmenschlichen Beziehungen.

Wir wissen um die Probleme und um die Fehler, die gemacht werden, denn jeder Mensch hat seine Schwächen. Wenn dein Bruder etwas sagt oder tut, das du nicht billigst, dann denke daran, daß du nie die ganze Wahrheit kennst. Du siehst nur einen winzigen Ausschnitt aus seinem Charakterbild. Du kennst weder sein Karma noch seine Schwächen oder Versuchungen, und deshalb kannst und darfst du nicht richten. Auch wir urteilen nicht, doch wir alle können lieben und wir alle müssen lernen, was Liebe ihrem Wesen nach bedeutet.

Liebe ist Gottesdienst. Lieben heißt, dem Gott in deinem Bruder dienen. Lieben heißt, dem Gott im eigenen Herzen treu sein.

*****

Ziehe dich nun zurück in den Tempel deines Herzens und meditiere über die vollkommene Rose. Sie liegt auf dem Altar im Tempel deines Herzens. Ihre rosa Blütenblätter öffnen sich dem Licht der Sonne. Jedes Blütenblatt hat Leben und strahlt Licht aus. Im Herzen der Rose glüht ein unbeschreiblich schönes Licht....
Laß dich ganz einhüllen in diese Blütenblätter — in das sanfte, perlende Licht.... Du bist im Tempel der Rose.... Das Sonnenlicht strömt von oben herab in dein Herz.... Die Sonne — die geistige Sonne — ist der Christus, die All-Liebe. Du bist im Zentrum, im Herzen der Rose, bist Teil von IHM und EINS mit der gesamten Menschheit.

XXIII

DER GRALSTEMPEL

Lasse dich weder durch Worte noch durch die Meinungen anderer verwirren. Als Christus durch den Mund des Menschensohnes Jesus sprach, sagte er, daß jene, die reinen Herzens sind, Gott schauen werden — nicht der Mensch mit hochentwickeltem Intellekt, nicht jener mit großer Gelehrsamkeit und Bücherwissen, sondern der einfache, bescheidene, gütige Sohn — die einfache, gütige Tochter Gottes. Dies, mein Freund, ist der Weg — der *einzige* Weg, um die Geheimnisse der Schöpfung und des ewigen Lebens zu ergründen. Die Kraft, die der Mensch in der geheimen Kammer seines Herzens findet, ist die Kraft, die ihn nährt und ihm hilft, die Wahrheit zu finden. So lerne denn in die heilige Stille des Gralstempels zu gehen, um dort vor dem Altar zu knien und zu warten....

Vielleicht siehst du den großen Sonnenengel mit ausgebreiteten Schwingen den Tempel des heiligen Grals bewachen, und vielleicht siehst du auch die Gestalt des Christus mit dem Gralskelch vor Ihm stehen. Er hält den Kelch an deine Lippen, du trinkst, und der goldene Wein fließt durch dein ganzes Sein, pulsiert durch jedes Atom, durch die physischen, mentalen und spirituellen Atome, welche die Bausteine deines Wesens sind.

*****

*Wir stehen miteinander im großen Heiltempel des Al-
lerhöchsten. Der Große Geist gießt goldene Lichtstrah-
len auf uns herab, und* unser *Gralskelch, unser Herz,
wird mit der Kraft des Geistes gefüllt.... Balsam durchflutet uns....*

*Wir verehren Dich — der Du das Licht bist und die
Macht und die Güte ohne Grenzen.... Wir geben uns
ganz in Deine Hand....*

*Mögen wir geheilt, gestärkt, gereinigt und vollkomme-
ner werden in Deinem Lichtstrom.*

XXIV.

SEI STARK IM LICHT

Alles geht vorüber und kein Karma dauert ewig.

Wenn du dir das Ausmaß menschlichen Leides bewußt machst, bist du voller Sympathie, Liebe und Verständnis. Doch laß dich nicht hinabziehen in den dunklen Strudel, laß dich nicht von deinen Gefühlen davontragen wie Stroh im Wind. Sei vielmehr still und blicke in das Licht des strahlenden Sternes. Von seinem Zentrum aus strömen Gottes Licht und Kraft in dein Herz und in dein ganzes Wesen, deinen Rücken stärkend, damit dein Gang aufrecht — deine Haltung fest und mutig sei. Denke daran, deinen Rücken gerade zu halten, nicht nur körperlich, sondern auch spirituell und gedanklich!

Zu einigen von euch sprechen wir ganz persönlich, weil wir wissen, daß ihr Ermutigung und Kraft nötig habt.

Du weißt doch, mein Bruder, meine Schwester, daß alles einmal vorübergeht. Alles, außer Gott, ändert sich. Und Gott ist in dir. Dein Gottesbewußtsein nimmt jeden Tag zu — und nur darauf kommt es an — auf dein stetig sich erweiterndes Bewußtsein Gottes, des Herrschers im Königreich deines Lebens.

*****

Sei still und schaue in das Innerste des strahlenden Sternes. Dort steht eine leuchtende Engelsgestalt mit ausgebreiteten Flügeln aus Licht. Es ist der Engel des Sternes. Er umhüllt dich mit seinen schützenden Schwingen aus Licht.

Der Engel ist ganz Ruhe, Stille und Frieden — weitab vom Erdengeschehen und dennoch voller Liebe.

Sei im Frieden — alles ist gut!

XXV.

LASST EURE UNNÜTZEN SORGEN LOS

Befreit euch von euren Ängsten, meine Freunde, denn es gibt nichts zu fürchten. Angst ist eine Schwäche, ein Riß in eurem Schutzmantel aus Licht. Wer sich ängstigt, öffnet dem Feind eine Tür.

Ihr schwächt euch selber, wenn ihr der Angst nachgebt, sei es nun Angst um euch selber oder Angst um andere. So habt denn keine Angst, sondern setzt euer ganzes Vertrauen in Vater-Mutter-Gott, eure himmlischen Eltern.

Eure Schwierigkeit auf Erden ist eure Eile. Ihr möchtet, daß alles sogleich geschieht. Geistige Kräfte aber wirken langsam. Das Wachstum eines Samens oder einer Blumenzwiebel im Erdreich kann niemand beschleunigen. Sie brauchen ihre Zeit, um zur Pflanze zu werden und zur Blume zu erblühen. Genauso ist es mit den geistigen Kräften.

So du es verstehst, in Ruhe und in Geduld zu leben, immer im Bewußtsein, daß dich die Liebe Gottes aufrechterhält, wirst du den Himmel auf Erden finden. Was immer in dein Leben gekommen sein mag und es scheinbar verdorben hat, wird allmählich aufgelöst und in Ordnung gebracht. Das kann aber nicht geschehen, solange du Groll, Ärger, Furcht und Chaos im eigenen Herzen hegst. Laß all diese unnützen Sorgen und Ängste los, mein Freund.

Dein VATER weiß, was du brauchst, warum also

hast du Angst? Suche die innere Stille, die Ruhe und die Gelassenheit des reinen Geistes, denn dort findest du ungeahnte Kräfte.

*****

Erhebe dich in Gedanken in den sonnendurchfluteten, unendlichen und ewigen Garten. Dort sind eine Menge blühender Sträucher und im Gras kleine, wohlriechende Blümchen, die aber dein Fuß beim Gehen nicht zertritt.

Unter den vielen herrlichen Bäumen ist einer, ein ganz spezieller Baum, der dich ruft. Er steht am Fluß. Setze dich unter diesen Baum und lehne dich mit deinem Rücken an seinen Stamm. Du fühlst die Kraft des Baumes, und ganz allmählich wirst du in sein Leben aufgenommen. Du bist in seinem Lebensstrom — fühlst, wie seine Wurzeln tief ins Erdreich vordringen, um Kraft und Nahrung von Mutter Erde aufzunehmen. Du siehst, wie seine Äste zur Sonne emporstreben, um die Lebenskräfte des Sonnenlichtes und der Luft zu empfangen. Du spürst den Strom, der von der Erde zum Himmel und vom Himmel zur Erde fließt — das Ein- und Ausatmen — und du wirst EINS mit deinem Baum — du bist der Baum..

Es ist ein Baum des Lichtes, stark und unerschütterlich, zur Sonne strebend, dessen Äste aus Licht gar viele Wesen beschützen und beherbergen.

XXVI.

EIN WENIG HUMOR

Wirke stets für Harmonie und sei dir auch bewußt, daß nichts mißraten kann, so du dem Licht, das auch die Liebe ist, folgst. Alles greift ineinander, wie die Teile eines Puzzles.

Wenn *du* versuchst, das richtige zu tun, wenn *du* die Gesetze beachtest — wird Gott das übrige tun. Und vergiß nicht — mit ein wenig Humor werden so manche kleinen Schwierigkeiten überwunden! Es gibt doch so manche Komik im Leben — lache darüber! Wenn du hellsehend wärest und in White Eagles oder eines Meisters fröhliche Augen schauen könntest, würde dir das schalkhafte Augenzwinkern auffallen!

Jesus, als er auf der Erde lebte, war gerne fröhlich und freute sich an manchem Spaß. Wißt ihr, wie glücklich wir wären, euch alle vor Freude tanzen zu sehen! Wir möchten, daß ihr fröhlich seid, anstatt mit ernsten Gesichtern herumzulaufen. Wir sehen euch gerne vergnügt. Die Brüder auf unserer Seite des Lebens machen keine langen Gesichter. Sie haben gelernt, anderen Freude zu bereiten, und durch ihr Geben werden sie selber zum Inbegriff der Freude.

In den Bruderschaften früherer Epochen herrschte stets ein Geist der Fröhlichkeit. Dies bringt, damals wie heute, Weisheit und Ausgeglichenheit. Ausgeglichenheit ist so wichtig für eure geistige Entwicklung. Ihr mögt euer Leben dem Dienst am Nächsten oder dem

Dienst auf den inneren geistigen Ebenen gewidmet haben — das aber bedeutet nicht, daß ihr deswegen todernst sein sollt! Im Gegenteil — strahlt Freude und Licht aus!

Nun begleiten wir euch alle in den innersten Tempel des Lichtes. Ihr seid doch Kinder Gottes, und von Gott kommt alles Gute. Deshalb vergeßt nicht das Augenzwinkern, den Humor, die Freundlichkeit und die Toleranz!

*****

Du bist in einem kleinen Kanu und gleitest lautlos über einen stillen See — du gleitest auf einem Lichtpfad, welcher von der aufgehenden Sonne auf die Wasserfläche ausgegossen ist. Seevögel fliegen um das Boot. Ihre ausgestreckten Flügel blitzen im Sonnenschein, wenn sie sich in den Lüften wiegen....

Am liebsten möchtest du mit ihnen fliegen. Kaum gedacht, hast auch du herrliche weiße Schwingen, die du im Sonnenlicht weit ausbreitest....

Fühle, wie dich die Geister der Lüfte lachend und singend emportragen und sich an der Herrlichkeit von Erde, Wasser und Himmel erfreuen....

Du fliegst geradewegs in das Zentrum der Sonne....

XXVII.

WENN ICH ERHÖHT BIN

Wenn die älteren Brüder zu dir kommen, kommen sie nicht in Pracht und Herrlichkeit, und doch, wenn dein inneres Auge geöffnet ist und du ihre Aura wahrnehmen kannst, siehst du sie in strahlendem Licht. Du siehst sie in Sonnenlicht gekleidet, und so mögen sie dir als prachtvolle Wesen erscheinen. Prachtvoll und wunderbar anzuschauen sind sie aber nur, weil sie rein, bescheiden, demütig und sanftmütig sind. Und wenn der Meister zu dir kommt, kommt er nicht in majestätischem Glanz, sondern als ein Bruder, den du gut kennst. Er geht an deiner Seite, wie Jesus an der Seite seiner Jünger auf dem Weg nach Emmaus ging.

Jesus sagte: *„Wer an mich glaubt, wird die Werke, die ich tue, auch tun."* Sei dir aber bewußt, während deiner Höherentwicklung unweigerlich an den Punkt zu gelangen, wo du anderen helfen mußt — denn sobald sich der Christusgeist in dir entfaltet, wirst du die Kranken heilen, die Trauernden trösten und die Schwingung der ganzen Menschheit erhöhen.

„Und wenn ich von der Erde erhöht bin, werde ich alle Menschen zu mir emporziehen." Welch' eine herrliche Zukunft, welch' wunderbares Ziel liegt vor dir!

Möge dich der Frieden Christi segnen.

*****

Wir möchten für euch ein Bild von Jesus, dem Meister, entwerfen — warmherzig, menschlich, euch in jeder Beziehung liebevoll verstehend, sowohl eure Enttäuschungen wie auch eure Ängste. Doch brennt in ihm hell das Feuer des Christusgeistes. Er kommt zu euch aus dem Zentrum der Sonne, mit ausgebreiteten Armen, in der Geste des Gebens und der Hingabe an den Willen Gottes. Verweilt in eurer Meditation bei Christus in menschlicher Gestalt — dieser vollkommenen Tochter, diesem vollkommenen Sohn des lebendigen Gottes, gekleidet in das weiß-goldene Gewand der Sonne.

Prägt euch dieses Bild im Innersten eures Herzens ein — verweilt dabei....

Sagt in eurem Herzen: Christus in mir ist die Auferstehung und das Leben, und fühlt dieses Leben in euch aufsteigen. Fühlt die Kraft des Lichts durch euer ganzes Wesen strömen.

Mögen Seine Kraft und Seine Liebe euch umhüllen und euch aus der Einschränkung in die Freiheit emporheben.

XXVIII

KLARHEIT UND RUHE

Lerne, mein Freund, das Geheimnis der inneren Ruhe, die Kraft innerer Gelassenheit zu erkennen. Lerne inmitten des Getümmels der irdischen Welt um innere Stille zu beten, um Gelassenheit des Herzens und des Gemütes. Hast du einmal einen gewissen Grad von Klarheit und innerer Ruhe erlangt, wird es dir nicht mehr schwer fallen zu lieben.

Im äußeren Leben, in der Außenwelt, gibt es Disharmonie, Härte, Lärm und viele störende Faktoren. Doch im Herzen, im wahren Tempel des Geistes, ist es möglich, stets Ruhe, Liebe und Frieden zu bewahren.

Wir haben großes Verständnis für deine ganz besonderen Schwierigkeiten. Wir wissen, wie hart es dich ankommt, der ungeduldigen "Meute" das Eindringen in deine Innenwelt zu verwehren. Doch genau das mußt du erlernen. Du mußt den Frieden und die Heiligkeit deiner Seele bewahren und deinen äußeren Gemütszustand derart unter Kontrolle haben, daß du die Stimme deines Meisters vernimmst, wenn er spricht. Die Stimme des Meisters — das ist der Christus in deinem Herzen.

*****

Ziehe dich in deine innere Welt zurück und meditiere am stillen Teich. Erfreue dich des warmen Duftes der aromatischen Kräuter, die zwischen den Steinen am Rande des Teiches wachsen....

Nun bist du inmitten weißgekleideter Brüder, die dich mit freudigem Lächeln begrüßen. Einer von ihnen übt eine ganz besondere Anziehungskraft auf dich aus. Er sitzt ruhig und versunken mit untergeschlagenen Beinen im Lotossitz, und Frieden strahlt von ihm aus. Setze dich zu ihm wie ein Kind und meditiere mit ihm über die reine, weiße Seerose, die so klar und ruhig, wie von innen leuchtend, auf der Wasserfläche ruht....

Der Bruder strahlt zeitlose Weisheit und tiefen Frieden aus .... nimm beides in dich auf, während du meditierst.

XXIX.

DIE FLAMME IM WEIZENKORN

Überströmt dein Herz von Liebe und Mitgefühl, dann strahlst du aus deinem eigenen Zentrum das Licht aus, das Gott als kleine Flamme in dich eingebettet hat. Dieses Licht nimmt stetig an Strahlkraft zu, und mit dem Licht wächst auch die Kraft in dir. Licht und Kraft wachsen in dem Maße, wie deine Sehnsucht nach dem Göttlichen in dir zunimmt. Jeder Gedanke an Gott, jedes Gebet, jede auch noch so geringe Anstrengung gut zu denken, Liebe an deine Mitmenschen zu verströmen und die höheren Ebenen der Harmonie, der Liebe, der Reinheit zu erreichen, trägt dazu bei, die ganze Welt zu heilen.

Die Aufgabe der Bruderschaft ist, die kranke Seele der Welt, die kranke Seele einer Nation und die kranken Seelen der Menschen zu heilen. Kranke Körper zu heilen ist richtig und gut — doch kranke Seelen zu heilen ist besser. Das ständige Einströmen des Lichtes in die Herzen der Menschen und in ihr Leben wird die ganze Welt heilen.

Blicke hinter die Maske aller Dinge. Schaue hinter die Fassade der Worte. Suche den wahren Geist und hilf deinem Bruder, durch dein eigenes Beispiel gleiches zu tun.

*****

Das Symbol für die Meditation ist das goldene Wei-
zenkorn und die kleine Lebensflamme, die in der schüt-
zenden Hülse des Korns eingeschlossen ist. Meditiere
auf das sich entfaltende Leben im Samenkorn und sieh,
wie die Wurzeln nach unten wachsen, um im dunklen
Erdreich Nahrung zu finden. Sieh den grünen Halm,
wie er zur Sonne emporstrebt, um den Segen des großen
Lichtes entgegenzunehmen.

Werde EINS mit der Flamme im Samenkorn. Fühle,
wie du selbst das winzige Weizenkorn bist und wie die
Flamme in dir zum Licht emporstrebt. Fühle die schöp-
ferische Stille im Zentrum des Samens und laß das hel-
ler werdende Licht in dir zum Segen für alle Menschen
werden.

XXX.

WIE DU DER WELT HELFEN KANNST

Der größte Dienst, den du der Welt erweisen kannst, ist gewissenhaft und ernsthaft auf der i n n e r e n Ebene zu wirken, um Liebe zu verströmen und auf der äußeren Ebene die Ideale, Gedanken und Gefühle der Bruderschaft zu verwirklichen. Denke oft an die strahlende Sternenbruderschaft des Lichtes. Die älteren Brüder kennen keine Dunkelheit, keinen Zweifel, keine Angst. Sie wissen, daß der Weg letztendlich alles Leben zur Bruderschaft führt.

Zweifle nie an deiner Überzeugung, daß alle Dinge zum Wohl der Menschheit ineinander wirken. In dem Maße, in dem du an dieser Wahrheit festhältst, wird deine Kraft, der Welt und aller Menschheit zu dienen, zunehmen.

Laß dich nie entmutigen. Auch wenn der Gipfel des Berges unerreichbar erscheint, verzage nicht. Wenn auch der Pfad über Felsen führt und du den Gipfel nicht mehr sehen kannst, setze dennoch deinen Aufstieg fort, in der Gewißheit, daß der Berggipfel im Sonnenlicht erstrahlt und alle Menschen zur gegebenen Zeit das Ziel erreichen werden.

Bewahre im Herzen die Kraft des Christusgeistes — sende gute und liebevolle Gedanken aus. Die Menschheit wird das Licht, das du aussendest, aufnehmen. Statt dunkle und destruktive Kräfte zu absorbieren, wird sie das Licht, die aufbauenden, gottähnlichen,

christusähnlichen Lebensqualitäten aufnehmen können.

*****

*Meditiere über die ruhige, weiße Flamme im Zentrum
des Sternes, und du wirst in den Sonnentempel geführt, in den Kreis der Erleuchteten, die alle Menschen
und die ganze Erde in ihrer Obhut halten.*

*Auch du — dein Geist — ist Teil dieses Lichtes. Du
bist weder von den Erleuchteten — den Sonnenbrü-
dern — noch von irgendeinem Teil der Schöpfung Gottes getrennt....*

*Sage: ICH BIN eine Flamme im Herzen der Sonne ...
ICH BIN im Herzen der Sonne ....*

XXXI.

DAS GÖTTLICHE GESETZ DER LIEBE

Wenn du für einen Augenblick über das komplizierte, wunderbare Muster eines Schmetterlingsflügels nachdenkst oder die Schönheit der Blütenblätter einer Rose betrachtest, dann beginnst du vielleicht einen flüchtigen Blick zu erhaschen von dem vollkommenen Plan, den sich der Schöpfer ausgedacht hat. Dann weißt du, daß alles gut ist. Alles wirkt ineinander — dem göttlichen Gesetz gehorchend. Es dürfte dir helfen, die Funktionsweise dieses Gesetzes und auch die Weisheit, die hinter deinem Lebensplan verborgen ist, zu verstehen, wenn wir dir sagen, daß neben dir dein Schutzengel, dein geistiger Lehrer und Meister steht, dein ganz persönlicher Meister, der ein Teil von dir ist und jeden Gedanken und jedes Bestreben deines Herzens und deiner Seele kennt.

"Kein Sperling fällt vom Dach, ohne daß der VATER darum wüßte. Sogar die Haare auf deinem Haupt sind gezählt." Als Jesus dies sagte, versuchte er darzustellen, wie groß Gottes Liebe für dich, Sein Kind, ist.

Oh, würdet ihr euch doch den Gesetzen Gottes unterordnen! Würdet ihr doch begreifen, wie alles, was euch geschieht, ein Teil der Auswirkung dieser Gesetze ist. Dann fändet ihr inneren Frieden und hättet nicht das Gefühl, überlastet oder gefährdet zu sein, und ihr wäret auch nicht mehr traurig. Es ist lediglich der niedere Verstand (the lower mind), der sich durch die

Lebensumstände enttäuschen und verunsichern läßt.

Der irdische Verstand ist der Feind des Geistes, doch du beginnst zu verstehen, daß der Geist dein wahrer Meister ist. Wenn du über diese Worte nachdenkst, wirst du erkennen, daß dein eigener, innewohnender Geist dein Meister ist, und dein Geist ist Teil des göttlichen Meisters — des Gottessohnes. Meisterschaft über dein Selbst und über dein Leben kannst du aber nur erlangen, wenn du dem göttlichen Gesetz der Liebe gehorchst.

Wer das Licht sucht, indem er Liebe und Freundlichkeit verschenkt, wird es finden. Und Licht ist Leben.

*****

Verschließe die Tore deines inneren Tempels. ... Sperre die Welt aus... Bringe den äußeren, weltlichen Verstand zum Schweigen.

Seid still, ihr aufgewühlten Gefühle und seid Diener der göttlichen Liebe .....

Seid still, ihr Gedanken und seid Diener der göttlichen Weisheit.....

Und jetzt öffne dein inneres Auge und erblicke den vollkommenen Menschen, gekleidet in ein Gewand aus Licht. Sein Gewand erstrahlt in der Farbe der Sonne ... er ist ganz in goldenes Licht gehüllt.....

Nun kommt er nahe an dich heran. Knie nieder und empfange seinen Segen.

XXXII.

DIE INNERE KRAFT

Die älteren Brüder sind ganz Liebe, Einfachheit und Sanftmut. Sie arbeiten unter der Führung des 'Sohnes', den ihr Menschen der westlichen Welt den Christus nennt. Die hohen Wesen aus der Christussphäre kommen zur Erde, um sowohl in den Herzen der Menschen als auch in der Erde selbst göttliches Licht zu entfalten. Sie wecken in dir die Erkenntnis, daß inwendig in dir, ja in allen Menschen, latent die Fähigkeit zum Heilen schlummert. Diese innere Kraft kann dir die Tore des Himmels öffnen. Sie kann es dir ermöglichen, im vollen Bewußtsein den Weg in das Land des Lichtes zu finden. So wirst du, noch ehe du den physischen Leib verläßt, mit der himmlischen Welt vertraut sein.

Mit der Entfaltung dieser inneren Kraft des reinen Geistes lernst du, wann immer du willst, in das Land des Lichtes zu gehen. Dort wirst du deinem Meister begegnen. Erlebe ihn als lebendiges Wesen, gekleidet in einen Leib, der dem deinen gleicht, nur lichter, feinstofflicher. Von ihm (oder vielleicht von ihr) erhältst du Worte der Liebe, des Trostes, der Weisheit, wie auch ein volles Verständnis für deine wahren Bedürfnisse und du bist in des Meisters Liebe eingehüllt. Doch um diesen Punkt in deiner geistigen Entwicklung zu erreichen, wirst du dich in Selbstdisziplin und Einfachheit üben müssen.

Beginne in Demut. Werde wie ein kleines Kind.

Dann lerne, in allen deinen Beziehungen zu den Mit-
menschen liebenswürdig, mild und gütig zu werden.
Der Meister ist ganz Liebe, ganz Freundlichkeit, ganz
Demut. Nur er kann dich durch das Tor in die Welt des
Lichtes und der vollkommenen Harmonie führen, wo
du die reine Liebe erfahren wirst, nach der sich deine
Seele in der Wildnis dieser Welt sehnt.

*****

Stelle dir eine zarte, rosafarbene Rose vor, vollkom-
men in Form und Farbe. Sie öffnet ihre Blütenblätter
dem Licht der geistigen Sonne, deren Strahlen auf sie
fallen. Versuche, mit dieser Rose in Einklang zu kom-
men..... Atme ihren Duft ein und nimm ihre Aura,
ihre zarte Lebenskraft, in dich auf.....
Sie entrückt dich weit über die irdische Welt hinaus in
eine Welt der Stille, des Friedens, der Liebe und der
Wahrheit.....
Ziehe dich, so oft du kannst, in das Bewußtsein der
Rose zurück. Sie ist ein Symbol der Christusliebe und
der Christusreinheit. Ihr Duft durchdringt dein Wesen
und hilft dir, in der Geborgenheit der unendlichen Lie-
be zu leben.

XXXIII.

DIE FREUNDSCHAFT DER UNSICHTBAREN

Trenne nicht Himmel und Erde. Bemühe dich vielmehr, die Menschen in eine viel engere Beziehung mit den Himmlischen zu bringen und wirke für vermehrte Zusammenarbeit und gegenseitige Durchdringung dieser beiden Welten.

Wenn du unbeirrt dem Pfad folgst, auf den die älteren Brüder deine Schritte gelenkt haben, wirst du den wahren Reichtum deines Lebens finden: einen nie abreißenden Strom von Hilfe, Gesundheit und Glück. Wir, deine älteren Brüder und geistigen Lehrer, begleiten dich auf diesem Pfad. Keiner ist allein. Bitte in kindlichem Vertrauen — und du bekommst, was immer du wirklich brauchst. Es wird dir gegeben. Dein Lehrer kennt deine innersten Bedürfnisse. Er wird dich trösten, dich auf grüne Weiden und zu klaren Wassern führen.

Wenn du ängstlich bist und bedrückt, dann ist weder Kraft noch Gesundheit in dir. Wir wissen, daß Beschwerden des Körpers Depressionen und verminderte Vitalität verursachen können. Doch beides ist überwindbar durch innere Freude und durch das Licht der Wahrheit, so du dich um dieses bemühst.

Öffne die Fenster deiner Seele täglich weit, um die Liebe Gottes einzulassen.

Wenn das schwache menschliche Selbst zur Seite tritt, übernimmt dein göttliches Selbst die Führung.

Dann bist du Meister über die Materie und nicht mehr ihr Sklave, ja, du kannst sie sogar verändern. Jene, die das göttliche Gesetz nicht kennen, sagen dann: "Ein Wunder ist geschehen." Wunder aber, meine Freunde, haben ihren Ursprung in eurer eigenen Seele.

*****

Fühle, wie behutsam das Licht des strahlenden Sternes dich einhüllt... so friedlich... so still... Tief atmest du das Licht ein, das dein ganzes Wesen erfüllt. Der Stern ist dein höheres Selbst, dein Christus-Selbst.... du selbst wirst zum Stern. Du bist ganz Licht...
Göttliches Licht ist in mir....
Göttliches Leben durchflutet und heilt jedes Atom meines Wesens...

XXXIV.

GLAUBE IST — GOTT

Welch ein großer Segen liegt in der innigen Zusammenarbeit zwischen unseren beiden Welten. Wenn ihr in eurem täglichen Leben von materiellen Dingen und äußeren Umständen eingeengt seid, dann ist es, als hinge ein dunkler Vorhang zwischen euch und den höheren Ebenen und den himmlischen Besuchern. Wenn wir es schwierig finden, diesen dichten Schleier zu durchdringen, dann fließen unsere Herzen über von Liebe für euch alle.

Oh würdet ihr euch doch dauernd bemühen, von dunklen und negativen Dingen wegzukommen, um zur Schar der Erleuchteten aufzublicken und zur göttlichen Liebe vorzudringen. Die Erleuchteten sind so nahe bei euch und wollen euch helfen. Begreift es — und ihr werdet aus freien Stücken den Vorhang beiseite ziehen; dann besteht keine Dunkelheit mehr zwischen euch und ihnen.

Dein Leben, dein ganzes Wesen ist in die herrliche Liebe, die wir Gott nennen, eingebettet.

Sich der Gegenwart Gottes bewußt zu sein, heißt, Glauben zu haben.

Glaube ist jenseits allen fachlichen Wissens. Glaube ist — Gott. Glauben heißt, die Nähe Gottes zu spüren. Glaube ist ein unauslöschliches Gewahrwerden Gottes, einer Stimme im Herzen, die flüstert: Ich bin hier, mein Kind — Ich bin an deiner Seite — Ich sorge für dich — Meine Wege sind Weisheit und Liebe.

Seine große Liebe umfängt dich, und so du gewillt bist, dich von dieser göttlichen Macht umhüllen zu lassen, wird sie dich halten und dir Geborgenheit, Trost und Kraft schenken. Sie wird dich inspirieren, mutig auf deinem dir zugewiesenen Weg voranzuschreiten. Sie bringt dir Freundschaft, Liebe, eine unbeschreiblich große Freude, und zur gegebenen Zeit wird sie dir die Herrlichkeit des göttlichen Lebens enthüllen.

*****

Erhebe nun dein Herz in Verehrung und Andacht zu der herrlichen Sonne, der Spenderin allen Lebens. Erfühle und erschaue im Herzen der Sonne die wunderbare Gestalt des großen Heilers — die Meisterseele — die ihren Segen über dich und über die ganze Menschheit ausgießt.

XXXV.

DAS GESCHENK DES LEBENS

Wir alle, gleichviel wie lange wir gelebt haben, nicht nur im physischen Leib, sondern seit unserer Erschaffung — durch die Aeonen hindurch — sind von der göttlichen Liebe zärtlich behütet, beschützt und geführt worden. Somit haben wir allen Grund, dankbar zu sein.

Vergeßt dies niemals. So wie ihr von Anfang an, bis zum heutigen Tag, durch Freude und manchmal auch Leid geführt worden seid, so werdet ihr auch weiterhin alle Tage geleitet und behütet sein.

Seid euch auch bewußt, daß eure Seele durch jede Erdenerfahrung an Weisheit zunimmt. Jeder Mann, jede Frau und jedes Kind erarbeitet sich auf diese Art Weisheit und gewinnt an geistiger Substanz. Welch' ein wunderbares Geschenk ist doch das Leben!

Nehmt alles an, meine Freunde — bejaht alles, was eure Wege kreuzt — die Freude und den Schmerz. Macht euch alle Erfahrungen zunutze und versucht euch klar zu werden, welche wertvollen Geschenke sie sind, ohne die ihr nicht vollkommene Söhne und Töchter des lebendigen Gottes werden könnt.

Die älteren Brüder lieben und begleiten euch. Ihr spürt ihre Gegenwart und Freundschaft am ehesten, wenn ihr eure Gedankenwelt aus der Unruhe und der zerstörerischen Wirkung des niederen Verstandes und des irdischen Denkens heraushalten könnt. Steht *über* dem begrenzten irdischen Bewußtsein!

Eure Welt und unsere Welt sind sich so nahe; ihr aber trennt sie, wenn ihr vergeßt, daß ihr Geist seid und in einer Welt des Geistes zuhause seid. Lebt in dem Bewußtsein einer höheren Welt des Lichtes und der Schönheit. So helft ihr mit, die Schwingung des gesamten Planeten zu erhöhen.

*****

Wir betreten den ewigen, unendlichen Garten und spüren die Gegenwart und die Liebe der göttlichen Mutter. ..... Überall im Garten sehen wir das Erblühen des jungen Lebens — die zart-grünen Schößlinge, die ersten Frühlingsblumen. Viele von diesen sind gelb, mit einem goldenen Kelch in der Mitte.

In der Vorstellung heben wir diesen Kelch an die Lippen und trinken von der lebenspendenden Essenz, die er enthält.......

Wir sind gestärkt, geheilt, beglückt und erfüllt mit Liebe und Dankbarkeit....... — wir danken für das Leben mit all seiner Schönheit — wir danken für den himmlischen Garten, in dem wir meditieren und Gott nahe kommen dürfen.... vor allem aber danken wir für das größte Geschenk Gottes an den Menschen — das Licht. Es ist das goldene Samenkorn, der Funke Gottes, unbegrenzt und für alle Ewigkeit in unseren Herzen eingebettet.

XXXVI.

DIE STILLE BRUDERSCHAFT

Wir kommen, um euch Freude und Hoffnung zu bringen, um euch von den Härten und Beschwerlichkeiten der Erdenreise zu lösen und euch für einen kurzen Augenblick in höhere Sphären des Daseins emporzutragen. Nehmt euer ganzes Vorstellungsvermögen zuhilfe und kommt mit uns auf des Berges höchsten Gipfel. Schaut dort im klaren Licht der Sonne, in der Stille und im Frieden der Bergwelt, mit eurem inneren Auge den Tempel des Lebens, wo all' die Brüder und Schwestern wandeln, die denselben Pfad gegangen sind, den ihr geht. Sie haben aus eigener Erfahrung gelernt, der Liebe und Weisheit des Großen Weißen Geistes zu vertrauen.

Schaut in ihr Antlitz — welch ein Ausdruck von Würde, stiller Gelassenheit und innerem Frieden, von Einfachheit und wunderbarer Kraft! Die Schönheit und Kraft des Gemeinschaftsgeistes der Bruderschaft kommt auch in ihrem Tempel zum Ausdruck, in der Anmut seiner Architektur und in seinen Farben, die sanft und den Bedürfnissen einer jeden Seele entsprechend aufleuchten.

An der Schönheit dieses Tempels könnt ihr die Seelenqualität jener Wesen, die sich in ihm zusammenfinden, ermessen. Versucht euch etwas von ihrem Gottvertrauen anzueignen und euch in diese Stille einzustimmen. So wie sie Ruhe und Vertrauen auf euch übertragen, so könnt ihr diese an eure unglücklichen und verirrten Mitmenschen weitergeben.

*****

*Wir stehen im Tempel vor dem Altar, der in göttlichem Licht erstrahlt. Um uns ist die große Schar der stillen Bruderschaft. Wir nehmen Teil an ihrer Abendmahlfeier und hören den Gesang des großen AUM.......
Ruhe und Frieden umhüllen uns ..... Frieden ..... Frieden ..... Frieden.*

XXXVII.

DIE ÄLTEREN BRÜDER

Denkt oft über die Sanftmut und die Liebe des Meisters nach, und seid bestrebt, so zu denken und zu sprechen, wie er es möchte. Er ist nicht der einzige, denn viele von den älteren Brüdern, Meisterseelen wie er, helfen der Menschheit. Es sind jene, die Meisterschaft erlangt haben über das niedere Selbst und nicht länger in die irdischen Schwächen und Unzulänglichkeiten verstrickt sind.

Wesen wie sie sind Meister jeder Situation, ob bedeutend oder unbedeutend. In Gelassenheit und Ruhe strahlen sie das Licht des ewigen Christus aus. In ihnen ist keine Dunkelheit mehr. Sie sind wie durchscheinend — nicht länger Erz, sondern reines, geläutertes Gold. Ihr Licht erreicht einen jeden jüngeren Bruder, der sich auf dem steilen Pfad müht, richtet seine Seele auf, tröstet ihn, hilft ihm.

Und ihr, die ihr euch bemüht, vergeßt nicht, daß ihr nicht nur an euch selber arbeitet; denn euer Außenleben und eure Ausstrahlung können die Welt der Mitmenschen glücklicher und besser gestalten. Euer Innenleben des Meditierens und Betens hinterläßt Spuren in der Gedanken- und Gefühlswelt von so vielen anderen. So leben, heißt, nicht länger selbstsüchtig zu leben.

*****

Laßt uns in den unendlichen und ewigen Garten der himmlischen Welt gehen, wo die Schönheit und Liebe Gottes in der Vollkommenheit der Natur, aber auch in der Schar der älteren Brüder zum Ausdruck kommt. Jener älteren Brüder, die uns mit ihren wundersamen geistigen Gaben so nahe sind und uns helfen möchten....

Über uns wölbt sich das Blau des Himmels und unter unseren Füßen breitet sich der weiche Teppich der Frühlingsblumen aus.

Nun ruhen wir im Sonnenschein auf dem duftenden Gras und fühlen die herrliche Kraft der Sonne. Wir lassen ihre warmen, goldenen Strahlen in unser Herz einströmen..... Wir blicken in die Sonne und werden gewahr, wie dort allmählich die Liebe Gottes Gestalt annimmt. Es ist der Christus — die Liebe in Menschengestalt.

Beinahe sieht er wie ein großes Lichtkreuz aus. ... Wir fügen uns ... wir geben unser Selbst und unser Herz — unser ganzes Sein .... wir verschmelzen mit diesem goldenen Segen.

XXXVIII.

HABT KEINE ANGST

Selbst im Angesicht von Schwierigkeiten solltet ihr euch freuen, meine Freunde, im Wissen darum, daß gerade diese Schwierigkeiten euch an jenen Punkt gebracht haben, wo ihr euer Karma bereinigen könnt. Leid, Sorgen und Verlust werden euch nicht von einem grausamen, rachsüchtigen Gott auferlegt. Sie sind vielmehr die Auswirkung des göttlichen Gesetzes von Ursache und Wirkung und bedeuten eine weitere Gelegenheit, den nächsten Schritt auf dem Entwicklungsweg zu tun.

Deshalb sagen wir: nehmt alles an und seid dankbar für jede Lebenserfahrung. Was immer eures Weges kommt, erblickt darin eine erneute Gelegenheit und dankt Gott dafür.

Wir sprechen zu euch aus den höheren geistigen Regionen und lehren euch wahrheitsgetreu: Gott ist die Liebe. Seine Wege mögen unerforschlich sein, dennoch akzeptieren wir alle — ihr miteingeschlossen — Seine Führung als liebevoll und weise. Ihr braucht niemanden und nichts zu fürchten. Gott sorgt liebevoll für einen jeden von euch und hat einen Schutzengel und einen geistigen Helfer ernannt, die euch führen und über euch Wache halten.

Vielleicht bist du noch nicht in der Lage, den Weg zu überschauen, der vor dir liegt. Lebe aber trotzdem im Bewußtsein der Nähe Gottes und wisse, daß dir der

Weg gezeigt wird — zur rechten Zeit und wenn du dafür reif bist.

*****

Wir baden in den reinen, lebenspendenden Strahlen des Christussternes. In tiefem Frieden atmen wir sein Licht ein.... wir fühlen, wie es durch jede Zelle unseres Wesens dringt, dem Körper alle Spannung und der Seele alle Ängste nimmt.....

Wir werden still und innerlich ruhig unter dem Stern. Machtvolle Strahlen umhüllen uns wie Flügel aus Licht, wenn sich der Schutzengel unserem innersten Wesen nähert..... Jetzt werden wir noch stiller..... Aus dem Innersten unseres Herzens strahlt eine klare Flamme empor, sie wächst, durchdringt und erhellt unser ganzes Bewußtsein mit göttlichem Frieden, göttlicher Kraft, mit Freude, Mut, Liebe und Weisheit.

Die Lichtflügel des Engels tragen uns empor, und wir werden von jener göttlichen Eigenschaft, die wir tief in unserer Seele benötigen, durchstrahlt.

XXXIX.

DIE MEISTERSEELE

Wir bitten dich, an einen Regenbogen zu denken, der sich wie eine wunderbare Farbbrücke über den Himmel wölbt. Wasser ist ein Symbol für die Seele, und so wie der Regenbogen die sieben Grundfarben enthält, so enthält die Seele des Menschen die sieben Grundaspekte ihres Seins.

Kannst du dir den Meister so vollkommen vorstellen wie den Regenbogen, dessen klare Farben genau ausgewogen sind? Die Farben des Regenbogens gleichen dem Gewand des Meisters, und wenn sie alle in vollkommener Weise miteinander vermischt sind, dann entsteht das reine weiße Licht.

Vergegenwärtigen wir uns, wie das Licht der Sonne, das Christuslicht, in die dem Wasserelement zugehörende Seele des Menschen scheint und dadurch das Brechen des Lichtes in die Regenbogenfarben verursacht. So werden durch das Einfluten des Christuslichtes in die Seele deren wundervolle Farben sichtbar — die klaren Farben des vollkommenen Menschen.

Stelle dir die Erleuchteten vor, die diese Stufe des Seins erreicht haben, die stets ruhig und gelassen zum Dienst an der Menschheit bereit waren und noch sind. Stelle dir die Farben ihrer Gewänder vor und das Licht, das von ihrem Antlitz strahlt, ihre leise Berührung, die Ausgeglichenheit ihres Wesens, wenn sie ihrer Arbeit bei den Menschen nachgehen. Horche auf die Musik, die von ihrer Stimme, von ihren Worten und von ihren

Gewändern ausgeht. Stelle dir ihre Umgebung vor, den ewigen, unendlichen Garten und schaue das Licht und die tanzenden Sonnenstrahlen, die leuchtenden Farben in den Springbrunnen und im fließenden Wasser.

Diese Diener Gottes, die im Garten wandeln, sind deine Brüder und Schwestern. Sie kommen zu dir, sie verbinden sich mit deiner Seele. Manchmal berühren sie deine Schulter, reden in deinem Herzen oder in deinem Kopf und du vernimmst ihre ermutigenden, freundlichen Worte. Sie bringen dir Frieden, Kraft und eine Liebe, die umfassend, einhüllend und einigend ist. Es ist die Bruderschaft allen Lebens.

Du bist keineswegs von dieser wunderbaren Bruderschaft ausgeschlossen. Sie werden sich dir aber nie aufdrängen, wenn du einsam bleiben willst. Doch wenn du dein Herz öffnest und sagst: kommt — dann kommen sie mit großer Freude und werden dich nie im Stich lassen.

*****

Laßt uns nun still sein — geborgen im Zentrum des Lichtes der aufgehenden Sonne. .....Im Herzen der Sonne erkennen wir ein sprühendes Juwel. ...Es strahlt herrliche Farben aus. Indem wir nun stiller und immer stiller werden, nehmen die Farben Gestalt an. Mächtige Flügel aus Licht umhüllen uns in den sanften klaren Farben blau, grün, gold, amethyst, rosa und silber. Wir sind uns der Musik, der Farben und Düfte bewußt — trotzdem herrscht absolute Stille.
Sei still, und wisse um Gott und die Engelwelt....

XL

LERNE ZUHÖREN

Auf dem geistigen Pfad gibt es viele scheinbare Widersprüche. Anfänglich rät man euch, sehr vorsichtig zu sein — erst zu denken, dann zu reden oder zu handeln. Später, auf dem Pfad, sagt man euch, ihr sollt spontan, rasch und weise, der augenblicklichen Eingebung folgend, handeln. Zur Zeit aber seid ihr an einem Punkt, an dem ihr lernen müßt, im Reden sehr vorsichtig und zurückhaltend zu sein und eure Zunge im Zaum zu halten. Der Weise lernt sehr viel durch Schweigen. Kennt ihr die Geschichte von der alten, weisen Eule, die, auf einem Ast sitzend, schaut und horcht? Lernt weise zu sein und zu schweigen. Lernt zu hören!

Du möchtest doch so gerne in höhere Welten hineinhorchen können, möchtest die Worte der Liebe deiner jenseitigen Freunde vernehmen, wie auch jene, die dein geistiger Lehrer und dann später der Meister spricht.

So lerne denn zuvor den Menschen auf dem Erdenplan zuzuhören. Schenke deine ganze Aufmerksamkeit dem, der zu dir spricht. Horche auch auf den Gesang der Vögel, auf die Geräusche der Tiere, auf das Rascheln des Windes in den Bäumen, auf das Murmeln der Bäche und auf das Rauschen des Regens. So schulten die Indianer ihre Kinder, und weil sie so geschult waren, konnten sie nicht nur die irdischen Töne vernehmen, sondern auch jene "hinter" der irdischen Welt, die Töne aus den unsichtbaren Welten. Sie waren durchaus imstande, die Stimmen ihrer geistigen Führer und Lehrer zu unterscheiden. Auch die Stimmen der Naturgeister konnten sie hören. Es ist sehr schwer für euch in euren lärmenden Städten, irgendetwas von alldem zu hören, dennoch solltet ihr euch im Hinhorchen trainieren.

*****

Kommt mit uns durch das Tor in den schönen Garten der höheren Welt. Setzt euch leise neben den ruhig fließenden Strom. Die Sonne scheint und alles ist ruhig und friedlich. Seid still und aufmerksam und horcht auf die leisesten Geräusche in diesem herrlichen Garten. Hört auf die Stimme des ruhig dahinströmenden Wassers, auf die Laute der kleinen Tiere, auf das Summen der Bienen.......

Horcht auf den Gesang der Vögel und auf das sanfte Rascheln des Windes in den Blättern.......

Wenn du noch aufmerksamer hinhörst, dann vernimmst du den inneren Klang, Ton allen Lebens, die innere Musik der Blumen und Bäume — ja sogar das eigentliche Atmen der Erde — rhythmisch und herrlich....

Und noch tiefer, jenseits all dieser Musik, aller Bewegung, herrscht tiefe, unendliche Stille, tiefes, absolutes Schweigen. Horche hinein in das Schweigen.....

In diesem Schweigen findest du die Harmonie Gottes.

XLI.

VERBINDUNG MIT GOTT

Schweigend betrittst du den Tempel deiner Seele, um Zwiesprache mit Gott zu halten.

Alle Weisheit und Wahrheit, alle Erkenntnisse, die du dir während deiner vielen Erdenleben erworben hast, bilden die Bausteine, aus denen der Tempel deiner Seele — dein höheres Selbst — errichtet ist.

Wenn du in die Stille gehst, wenn du dich vom Lärm der äußeren Welt der Menschen und von deiner eigenen Gedankenwelt zurückziehst und in die tiefe, unergründliche Stille deines Herzens gehst, dann betrittst du den Tempel der eigenen Seele. Dort bist du in inniger Verbindung mit Gott, denn ER ist 'Teil' von dir, ER ist die Quelle deines Lebens, Quelle aller Kraft, aller Gesundheit und allen Glücks.

Wenn du diese enge Verbindung mit Gott eingegangen bist, dann wirst du dir der Gegenwart der Heiligen bewußt. Diese Heiligen sind oft deine eigenen innig geliebten Freunde, denn auch sie sind durch einen Reinigungsprozeß hindurchgegangen und betreten den Tempel gemeinsam mit dir. Sie sind ein Teil von dir, so wie auch du ein Teil von ihnen bist. Und sie sind ein Teil Gottes, denn Gott ist in ihnen und sie sind in Gott. Dieses innere Verbundensein ist etwas heiliges — heilige Kommunion.

Wenn du mit jenen, die in der unsichtbaren Welt leben und die du liebst, in Verbindung treten möchtest, dann suche zuvor den Kontakt mit Gott im Tempel deiner Seele.

"Gesegnet sind, die reinen Herzens sind, denn sie werden Gott schauen." Sie werden Gott erkennen. In einer solchen Gottesverbindung, mein Freund, werden sogar die Atome des physischen Leibes in einen höheren, in einen geistigen Zustand erhoben. Das ist ein spirituelles Gesetz, ein Gesetz, das dem Menschen vollkommenes, ewiges Leben verleiht. In Gottes Königreich — in den höheren Welten — gibt es den Tod nicht.

Der Friede Gottes und der Segen der Großen Stille seien mit dir!

*****

Werde still in Seele und Gemüt. Atme tief und ruhig. Atme göttliche Stille und göttlichen Frieden ein .... Laß alle Unruhe der Außenwelt von dir gleiten und ziehe dich in den kleinen, inneren weiß-goldenen Tempel zurück. Auf dem Lichtaltar dieses Tempels, im Innersten deines Herzens, brennt die ruhige, weiße Flamme. Knie nieder vor der Flamme und betrachte sie, bis du selber zur Flamme wirst.....
Ihr Licht erfüllt dein Wesen und ihr Leuchten umhüllt die ganze Erde.....

DU BIST GEIST

Mit jedem Gebet, mit jedem geistigen Bestreben ermöglichst du es deinem geistigen Führer, näher an dich heranzukommen. Er kommt mit großer Freude, um dir zu helfen.

Wenn du positiv bleiben kannst in deinen Gedanken und im Gebet, dann ziehst du jene Wesen an, die deine wahren Helfer sind. Mit ihrer Hilfe wird es dir möglich sein, vieles klarer zu sehen und eindeutige Empfindungen für spirituelle Dinge und für die geistige Welt, mit der du so eng verbunden bist, zu entwikkeln. Doch wenn du dich in negativen und pessimistischen Gedankengängen verlierst, dann brauchst du dich nicht zu wundern, wenn du ähnliche Gedanken und Einflüsse an dich heranziehst.

Du lebst in der geistigen Welt, doch du bist dir dieser Tatsache nicht bewußt. Wenn du inneren Frieden, Gesundheit des Körpers und alles was du auf deiner Erdenreise benötigst, erlangen willst, dann mußt du dir dauernd vergegenwärtigen, daß du G e i s t bist. Die Gedanken allzu vieler Menschen kreisen um Krankheit, Kummer und Schmerz, anstatt sich um geistige Werte zu kümmern. Sie meinen, es sei unrealistisch, sich mit spirituellen Dingen zu befassen, wenn doch soviel Elend auf der irdischen Ebene in Ordnung gebracht werden müßte. Doch der wahre Mystiker ist eigentlich ein Realist. Der Mensch muß lernen, seine

Gedanken zu ordnen und sich auf die Harmonie des geistigen Lebens auszurichten. Gedanklich sollte er den physischen Leib gesund, strahlend, vollkommen und lichterfüllt sehen.

Versuche dein Bewußtsein auf das ewige Leben und dessen Vollkommenheit zu richten und danach zu leben. Gottes Wunsch für seine Kinder ist Vollkommenheit, Gesundheit und Harmonie. So wie Gottes reicher Segen auf dem Menschen ruht, so soll der Mensch seinerseits seine Mitmenschen und alle Kreatur in wahrer Liebe segnen. Im Geben liegt ein großer Segen, denn dadurch wird des Menschen Geist von den Fesseln der Materie befreit.

*****

Stelle dir den leuchtenden Stern vor. Ruhig und hell strahlt er alle sanften Farben des Spektrums aus. Dieser Stern ist unmittelbar über deinem Haupt und du bist getragen und umhüllt vom Licht, das auf dich herniederrieselt.

Nun stelle dir die reine, weiße Flamme in deinem Herzzentrum vor.... Deine Gedanken und Gefühle werden ganz ruhig und still, während du die Flamme betrachtest.... Ein Strahl aus dem Stern erreicht und berührt die weiße Flamme in deinem Herzen.... Die Flamme ist dein wahres, geistiges Selbst.... Sie reicht empor zum Stern — und allmählich werden beide EINS.......

DEIN WILLE — NICHT DER MEINE

Seid geduldig, meine Freunde. Eure Arbeit ist im göttlichen Plan verzeichnet, und dieser Plan wird sich euch enthüllen, wenn ihr gelernt habt, weise zu sein; wenn ihr, möglicherweise durch extrem große Schwierigkeiten im Leben, für die Arbeit, die euer wartet, vorbereitet seid. Eure Enttäuschungen und Unannehmlichkeiten sind allesamt Teil eurer Vorbereitung und helfen euch, ein besserer Empfänger für die Kraft des Geistes zu werden.

Folgt eurem Gewissen — der Stimme Gottes in eurem Herzen. Tragt mutig eure Bürde und verliert nie den Glauben.

Seit Jahren raten wir euch "keep on keeping on". Das ist die Zauberformel und bedeutet "bleibt standhaft und laßt nicht locker". Verfolgt euren Weg trotz Widerständen und Schwierigkeiten. Manchmal kommen Prüfungen Schlag auf Schlag, bis ihr beinahe zusammenbrecht. Kaum habt ihr euch von einer Prüfung erholt, wirft euch die nächste schon wieder um. Doch seid nicht entmutigt, macht weiter und vertraut auf das göttliche Gesetz und die göttliche Liebe, die langsam aber sicher tief in eurem Innersten Wahrheit und Weisheit zur Entfaltung bringen wird. Es kommt nicht darauf an, was ihr durch Worte oder aus Büchern lernt, sondern darauf, wie ihr auf eure Prüfungen reagiert.

Wenn du vor dem Altar deines innersten Selbst niederknien und sagen kannst: "Nicht mein Wille, oh Herr, sondern Dein Wille geschehe. Deinen Willen nehme ich demütig an " — dann bekommst du die nötige Kraft. Freude durchdringt dein ganzes Wesen und du wirst die Wahrheit erkennen, wirst beobachten können, wie sich das göttliche Gesetz im Leben des Menschen auswirkt. Und dieses Verstehen — dieses Überschauenkönnen des Auswirkens göttlicher Gesetze im Menschenleben und in der geistigen Höherentwicklung bringt der Seele großes Glück.

Die älteren Brüder segnen dich und schenken dir ihre Liebe. Denke an diese Liebe, denn sie hilft dir weiter auf dem Weg. Sie kennen alle deine Bedürfnisse — unerschöpflich sind ihre Möglichkeiten.

*****

Vor unserem geistigen Auge sehen wir ein Kreuz aus Licht in einem Kreis aus Licht. Das Kreuz ist der inkarnierte Mensch, doch unentwegt umfangen und gehalten im Lichtkreis göttlicher Liebe. Fühle, daß du selber das Kreuz bist, mit ausgebreiteten Armen im Zeichen des Gebens, eingebettet in Gottes großer Liebe.
Nun wirst du dir einer vollkommenen Rose bewußt, die im Zentrum des Kreuzes — in deinem Herzen — erblüht. Während des Meditierens wird die Rose immer größer und du bist ganz in ihren Duft eingehüllt. Du bist im Tempel der Rose. Seine Wände sind durchscheinend und leuchten in rosafarbenem Licht.
Du bist von deinen geistigen Freunden umgeben und von ihrer Liebe getragen ....

XLIV.

ICH BIN IN GOTT — GOTT IST IN MIR

Die Liebe, das Licht im Herzen, ist reiner Geist — der göttliche Funke — und das Leben des Menschen sollte vom Geist gelenkt werden. Ihr gestaltet euer Leben so kompliziert mit eurem kleinen, irdischen Verstand. Liebe ist doch so einfach! Lernt, meine Freunde, euch vom göttlichen Funken — dem Geist der Liebe in euch — führen zu lassen.

Der Weise läßt sich durch nichts aus der Ruhe bringen. Lob und Tadel kümmern ihn wenig, noch trauert er um die Lebenden oder die Toten. Er weiß, daß das göttliche Gesetz gerecht, genau und vollkommen ist und sich in jedem Menschenleben auswirken muß.

Sei daher mit deinem Los zufrieden und murre nicht über dein Schicksal.

Bemühe dich, dein Karma zu bejahen, wissend, wieviel du dadurch gewinnen kannst — und du wirst glücklicher sein.

Das aufrichtige, demütige Gebet ist das mächtigste Mittel, Hilfe zu erlangen. Bete nur um eines — um die Liebe Gottes. Bete um Zunahme des göttlichen Lichtes, nicht nur für dich selbst, sondern für alle, damit auch sie gesegnet seien. Bitte um das Göttliche, um das Gute, und lege alles in Gottes Hand.

*****

Entspanne dich nun an Leib und Seele und atme lang-
sam, ruhig und tief..... Versuche dir beim Einatmen
vorzustellen, du atmest nicht nur Luft, sondern Licht
und Leben ein.... Gleichzeitig füllst du jedes Partikel-
chen deines Wesens mit Gottes Odem, Gottes Liebe
und Gottes Licht..... Wenn diese Liebe in dein Herz
und in dein Gemüt einströmt, wird jedes Atom und
jede Zelle deines Leibes mit vollkommenem Leben er-
füllt.

Sage dir immer wieder die Worte: Ich bin in Gott —
Gott ist in mir.

DIE ZAUBERKRAFT DES HEILENS

Der Mensch neigt dazu, Schuldgefühle für begangene Fehler, sogar für Fehler, die in einer früheren Inkarnation gemacht wurden, mit sich herumzuschleppen, ja sich geradezu daran festzuklammern.

Laß deine Schuldgefühle los und ersetze sie durch Gedanken an die Liebe und die Gnade Gottes. Überlasse dich ganz deinem Schöpfer — und dein Wesen wird von göttlicher Liebe durchdrungen sein.

Wenn du das Gesetz von Karma (was du gesät hast, wirst du ernten) ohne Groll und in Demut annehmen kannst, dann beginnen die spirituellen Kräfte zuerst deine Seele und dann deinen Leib umzugestalten. Der wahre Heilungsprozeß beginnt dort, wo jede Krankheit ihren Anfang nimmt — in des Menschen Seele. Und Heilkräfte werden durch L i e b e ausgelöst.

Die Liebe ist der Kern der Zauberkraft des Heilens. Die wahren Heilkräfte kommen aus dem Herzen. Es ist die Liebe, die aus dem Herzen strömt, die Liebe zu Gott, dem Schöpfer aller Dinge, die heilt und inneren Frieden bringt.

Vergiß, wenn du kannst, deinen physischen Leib. "Laß' alles und folge mir" sagte der Meister — und er sagt es auch noch heute. Laß alles und folge mir. Das tönt so einfach, und doch ist es etwas vom Schwierigsten für die Erdenmenschen. Schau empor ins Licht. Das Licht ist immer da, doch unbeherrschte Gedanken und Gefühle machen einen Menschen blind. Sie legen ihm sozusagen eine Binde vor die Augen und trennen ihn von seinem Gottesbewußtsein.

Leben ist Gott, und wer die Verwicklungen des irdischen Lebens "lassen" kann, um im Bewußtsein des ewig Guten zu leben — der ist augenblicklich im "Himmel". Für ihn gibt es keine Schranken mehr. Dort gibt es weder Schmerz noch Krankheit, denn der Geist ist vollkommen — ist ein Teil Gottes — ist EINS mit Gott.

*****

Nun ziehe dich zurück von den Wirren deiner Gefühle und Lebensumstände. Verbanne jeden Mißklang, jede Unstimmigkeit, allen Zweifel und alle Angst. Schwinge dich empor in das Land des Lichtes. Wende dein Antlitz der Sonne zu, dem warmen, milden Sonnenlicht....... Atme das Licht ein.... es ist die Lebenskraft Gottes, die Kraft, die dich gesund, heil und ganz macht....Du bist Geist.... bist vollkommen in Gott .... Ich bin vollkommen, wie mein Schöpfer vollkommen ist und mich vollkommen erschaffen hat.
Ich bin göttliche Liebe.
Ich bin göttlicher Friede.

LEBEN IN DER SONNE

Wir erheben euer Bewußtsein zu einem Leben, das eine jede Seele einmal gekannt hat. Wir alle kommen von der Sonne, und wir alle kehren zurück zur Sonne. Hört ihr nicht ein Echo in eurem innersten Wesen erklingen, wenn wir von der Sonnensphäre sprechen? Ihr begeht einen Fehler, wenn ihr meint, die Sonne oder die Christussphäre wäre lediglich das E n d z i e l eurer großen Reise. Einerseits trifft das zwar zu, denn tatsächlich ist es ein erweiterter Bewußtseinszustand, dem ihr entgegengeht. Wißt aber auch, daß es andrerseits die Lebenssphäre ist, von der ihr kommt — in der ihr euren Ursprung habt. In Augenblicken der Entrückung oder tiefer Meditation vermögt ihr euch vielleicht ganz schwach an die Herrlichkeit der Sonne, der Christussphäre, zu erinnern.

Es ist vielleicht nur ein schwacher Hoffnungsschimmer, doch ihr erkennt, daß eine solche Lebenssphäre tatsächlich existiert. Es scheint, als ob des Menschen Geist sehr sehr weit fortgewandert ist, seit er von Gott erschaffen wurde. Dennoch hat er den wahren Ursprung seiner Existenz nie ganz vergessen; denn in Zeiten größter Not ruft die Seele nach Gott, ihrem Schöpfer. Die Sehnsucht nach Gott ist der beste Beweis für die Existenz Gottes, der universellen, göttlichen Sonne, die in des Menschen Herzen wohnt.

Gott sprach: "Es werde Licht — und es ward Licht."

Aus diesem Licht wurde alles erschaffen. Aus diesem Licht sind wir hervorgegangen, in dieses Licht kehren wir zurück, als lichte Wesen, reich an Erfahrung, ausgerüstet mit Weisheit, Liebe und Macht; herangewachsen am Ende dieser Reise zur Gestalt eines wahren Sohnes, einer wahren Tochter Gottes — vollendet, vollkommen.

*****

Laßt uns in unserer Meditation ganz eintauchen in dieses Sonnenleben, in das Licht.... Wir werden emporgehoben in eine Sphäre, die weit von der Erde entfernt ist..... Auf den Strahlen eines leuchtenden Sternes werden wir ins Zentrum der Sonne getragen. Hier ist ewiges Leben; das Leben, von dem wir kommen, das Leben, zu dem wir zurückkehren....

Indem wir in dieser Sonnensphäre meditieren, werden wir uns allmählich vollkommen gewordener Wesen, vollkommenen Lebens bewußt. Tatsächlich blikken wir durch das Tor des Himmels in die Christuswelt.......

Wir sehen den Menschen als ein Licht verströmendes Kreuz.... Allmählich verschmilzt das Kreuz mit dem Licht, und übrig bleibt die Sonne — der Christus.

Mögen die Strahlen der Sonne dein ganzes Wesen erfüllen, auf daß du geheilt, gestärkt und erleuchtet wirst — durch die Christuskraft.

*****

White Eagle
Der geistige Pfad

Mit diesem Werk werden die Freunde von White Eagle noch tiefer als bisher in das Geheimnis menschlichen Daseins eingeweiht. White Eagle zeigt, in welcher Weise das Leben des Menschen eingeflochten ist in die geistigen Reiche. Er offenbart die Schönheit der höheren Welten, führt die suchende Seele in die "Hallen des Lernens" und läßt sie die Verbindung mit ihren spirituellen Führern erkennen.

Erstmals beschreibt White Eagle ausführlich die Schritte zur Entwicklung höheren Bewußtseins, die Ausbildung der Fähigkeiten des Hellsehens und Hellhörens.

Besonderen Raum schenkt er dem Zwillingsgesetz von Wiederverkörperung und Karma. In einzigartiger Klarheit entschlüsselt er das Mysterium des Rades der Wiedergeburt, indem er den Unterschied zwischen der begrenzten irdischen Persönlichkeit und ihrem höheren Selbst offenbart.

Der "Geistige Pfad" schließt mit einer Botschaft über geistiges Heilen und die Macht der Gedanken.

Durch alle Kapitel schwingt jener wunderbare Geist der Güte, der White Eagle charakterisiert und der auch dieses Buch zu einem strahlenden Licht für den Lebensweg werden läßt.

ISBN 3-922936-04-0
Pbk., 128 Seiten

White Eagle

Naturgeister und Engel

Aus dem religiösen Erleben des Menschen ist das Wissen um die Existenz der Engel immer wieder mit neuer Lebenskraft gespeist worden. So gibt es keine Religion, die nicht um das Wirken der Engel weiß, mag auch der Name "Engel" besonders charakteristisch für den Bereich des Christentums sein.

White Eagle schildert die höher als der materielle Kosmos schwingenden Sphären der Engel, wobei er zugleich die Bruderschaft der beiden Reiche hervorhebt. Vom menschlichen Schutzengel bis zu den kosmischen Wesenheiten der "Herren des Karma" beschreibt White Eagle die einzelnen Engel-Hierarchien; hebt Schleier um Schleier, um den Menschen hineinschauen zu lassen in die Welt seiner Lichtgeschwister.

Neben den Überlieferungen über die Engel blieb den Menschen in Sagen und Märchen auch das Wissen um die Naturgeister erhalten. White Eagle erweckt nun die Zwerge und Nixen, die Gnomen und Sylphen aus ihrem Märchenschlaf, holt sie in die Wirklichkeit geistiger Welten. So kann der Leser den Blumenelfen bei ihrem Wirken ebenso zuschauen wie den Feen und Salamandern. Eine wundersame Welt breitet White Eagle vor dem inneren Auge derer aus, die ihm in jene Reiche zu folgen bereit sind, von denen heute nur noch die Märchenbücher künden.

Ein zauberhaftes Buch!

ISBN 3-922936-05-9
Pbk., 88 Seiten

Walter Ohr

Wer ist WHITE EAGLE ?

Von allen White Eagle-Freunden lang erwartet, liegt nun endlich die ausführliche Schilderung des geistigen Lehrers WHITE EAGLE in Buchform vor. Walter Ohr, der langjährige Übersetzer und beste Kenner der White Eagle-Lehren im deutschsprachigen Raum hat aus der Fülle des englischen Gesamtwerkes alles Wissenswerte zur 'Person' White Eagles herausgesucht und zusammengefaßt.

White Eagle macht kein Geheimnis um seine Person, er wollte auch nicht der 'große Unbekannte' hinter dem Schleier von Raum und Zeit sein. Doch noch ferner lag ihm ein — wie auch immer gearteter — Personenkult. Im Laufe seiner jahrzehntelangen Zusammenarbeit mit Grace Cooke, seinem irdischen Werkzeug, gab White Eagle immer wieder Informationen, die seine Person und seine historische Vergangenheit erkennen ließen. Auch aus den Reinkarnationserinnerungen von Grace Cooke zeichnete sich die Gestalt des großen Lehrers immer deutlicher ab.

White Eagle lehnte jede Verehrung als jenseitiger 'Meister' oder 'Guru' ab. Stets blieb er ein „älterer Bruder" — unser „älterer Bruder"

In seiner Arbeit gelingt es Walter Ohr, mit feiner Feder die Wesensart White Eagles scharf und deutlich herauszuarbeiten und dabei seine Originalität, Demut und Weisheit zum Ausdruck zu bringen. Außerdem stellt der Autor die White Eagle-Familie, die englische Mutterloge und den White Eagle-Tempel vor. Abschließend werden die zentralen Lehren von White Eagle kurz umrissen.

Ein unentbehrliches Buch für die große Freundesschar von White Eagle!

ISBN 3-922936-15-6
Pbk., ca. 48 Seiten

WHITE EAGLE BÜCHER

IN DER STILLE LIEGT DIE KRAFT (The quiet mind)
Auslese der markantesten Worte von White Eagle
55 Seiten, DM 12.-, 11. Auflage

WUNDER DES LICHTES (Morninglight)
Über das Woher, Wohin und Warum des Menschen
64 Seiten, DM 12.-,   6. Auflage

VOM LEBEN JENSEITS DER TODESPFORTE (Sunrise)
Ein Buch, das Trost spendet und wahres Wissen vermittelt
64 Seiten, DM 12.-,   8. Auflage

GEBETE IM NEUEN ZEITALTER (Prayer in the new age)
Gebete und Invokationen
96 Seiten, DM 14.-,   4. Auflage

WEISHEIT VON WHITE EAGLE (Wisdom from White Eagle)
Vermittelt das Weltbild des neuen Zeitalters und erklärt das
geistige Gesetz und seine Auswirkungen
96 Seiten, DM 14.-,   6. Auflage

UNSER GEISTIGER BRUDER SPRICHT (The gentle Brother)
Geistige Ratschläge für den Alltag
80 Seiten, DM 14.-,   2. Auflage

MEDITATION (Meditation)
Theorie und Praxis der White Eagle-Meditation
120 Seiten, DM 18.-,   6. Auflage

DER GEISTIGE PFAD (Spiritual Unfoldment I)
Geistige Entwicklung und Entfaltung der Seelenkräfte des Menschen
128 Seiten, DM 18.-,   5. Auflage

NATURGEISTER UND ENGEL (Spirtual Unfoldment II)
Das verborgene Leben der Naturgeister und Engelwesen
84 Seiten, DM 14.-,   5. Auflage

DER WEG ZUM HÖHEREN SELBST (Spiritual Unfoldment III)
Ein Wegweiser zu den inneren Mysterien
96 Seiten, DM/Sfr. 16.-   1. Auflage

DIE STILLE DES HERZENS (The Still Voice)
Ein Buch für stille Stunden
112 Seiten, DM 18.-,   4. Auflage

WARUM? (Joan Hodgson)
Ein White Eagle Buch über den Sinn des Erdenlebens
136 Seiten, DM 18.-,   5. Auflage